Hislop · Gespräche mit Sathya Sai Baba

Dr. John Hislop

Gespräche mit SATHYA SAI BABA

Sathya Sai Vereinigung e.V., Bonn

Titel der amerikanischen Originalausgabe: Conversations with Sathya Sai Baba –,
Übersetzung aus dem Amerikanischen von Hardy und Shanti Fechner

Die Deutsche Bibliothek – CIP-Einheitsaufnahme
Hislop, John:
Gespräche mit Sathya Sai Baba / John Hislop. –
5. Aufl., Bonn: Sathya Sai Vereinigung, 1994
ISBN 3-924739-02-1

5. Auflage, 1994

Sathya Sai Vereinigung e.V., Buchzentrum, Grenzstr. 43, D-63128 Dietzenbach
Herstellung: Richarz Publikations-Service GmbH, D-53757 Sankt Augustin

Widmung

Ich lege dieses Buch Shri Sathya Sai Baba zu Füßen, der für mich ein Leuchtturm ist inmitten der gefährlichen Untiefen meines Lebens, in denen ich vom Sturm der Unwissenheit hin- und hergerissen werde. Die Botschaft des Lichtes ist: Verlasse die stürmische Brandung und suche die Tiefe, denn dort kann Stille, ewige Glückseligkeit und Befreiung aus dem wirren Kreislauf von Geburt und Tod gefunden werden. Ja, Shri Sathya Sai erklärt, daß Liebe die Tiefe ist und daß die Liebe selbst Gott ist.

"Euer wirkliches Sein ist '*ātman*' (Gott als Spezifisches), eine Woge des '*paramātman*' (Gott als Allumfassendes). Das einzige Ziel der menschlichen Existenz ist die Erkenntnis dieser Wirklichkeit, dieser Beziehung zwischen Welle und Meer. Das ist das besondere Vorrecht des Menschen. Alles andere ist unbedeutend, alles andere habt ihr mit den Tieren gemein. Der Mensch hat alle Phasen tierischer Existenz durchlaufen, hat alle Sprossen der Evolution erklommen, um diese hohe Bestimmung zu ererben. Wenn er die Jahre zwischen Geburt und Tod damit verbringt, nur Nahrung, Unterkunft, Behaglichkeit und Vergnügen zu suchen, wie es Tiere tun, verurteilt er sich selbst zu einer weiteren lebenslänglichen Haft.

Das Individuelle und das Universelle sind ein und dasselbe: Die Woge ist das Meer, Einswerden mit Allem ist Erfüllung. Nach dem Einswerden löst sich das Ego auf. Alle Symbole und Zeichen für das Besondere wie Name, Form, Kaste, Rasse, Religion, Nationalität, Kirche, Konfession und alle daraus abgeleiteten Rechte und Pflichten schwinden dahin. Menschen, die sich aus der Enge der Individualität befreit haben, widmen sich nur noch einer Aufgabe: dem geistig-moralischen Fortschritt der Menschheit, dem Wohlergehen der Welt und dem Verströmen von Liebe. Selbst wenn sie nicht tätig sind, wird sich der Zustand der Glückseligkeit, in dem sie sich befinden, auf die Welt übertragen. In allem ist Liebe, Liebe kommt von allem, Liebe ist alles.

Wenn die Menschen das Eine vergessen und der Vielfalt nachjagen, verfällt die göttliche Ordnung *(dharma)*, denn dann kann es keine Liebe, kein Opfer, keine innere Unabhängigkeit in den menschlichen Beziehungen geben. Deshalb nimmt der Herr menschliche Form an. Er kommt, um das Gefühl des Menschen für wirkliche Werte wiederherzustellen. Ihr mögt fragen: 'Warum sollte der Herr selbst Gestalt annehmen? Warum sollte Er die Aufgabe der Wiederherstellung Seiner Ordnung nicht von den Legionen himmlischer Heerscharen, die Ihm zur Verfügung stehen, erfüllen lassen?' Gerade diese Frage stellte König Akbar seinem Hofstaat, denn er lachte über die Vorstellung der Hindus, daß das Formlose Form annimmt und als *Avatar* auf die Erde kommt. Sein philosophischer Berater Tansen erbat sich eine Woche Zeit, um die Antwort zu geben, und seine Majestät gewährte ihm die Bitte. Einige Tage später, als er mit der Familie des Königs auf dessen Vergnügungsboot über den See fuhr, warf Tansen listig eine Puppe über Bord, die aussah wie des Königs kleiner Sohn, und rief: 'Oh, der Prinz ist ins Wasser gefallen!' Als der König das hörte, sprang er sofort ins Wasser, um seinen Sohn zu retten!

Tansen gestand dann, daß es nur eine Puppe war und daß der Prinz in Sicherheit sei. Er beschwichtigte den Zorn Akbars mit der Erklärung, daß er dieses Drama hätte inszenieren müssen, um die Wahrheit des Hindu-Glaubens zu beweisen, daß Gott selbst menschliche Form annimmt, um Seine Ordnung zu retten. Er beauftragt damit nicht andere, denn sie ist wie Sein Kind, das Er innig liebt. Akbar hätte einem der vielen Bediensteten, die an Bord waren, befehlen können, ins Wasser zu springen und seinen Sohn zu retten, aber seine Liebe war so groß, daß Akbar selbst über Bord sprang. Der Verfall der göttlichen Ordnung ist eine akute Tragödie, und der Herr liebt die guten Menschen so sehr, daß Er selbst kommt. Der Herr ist die Liebe selbst. Er kommt in menschlicher Gestalt, so daß ihr mit Ihm sprechen, Ihm folgen, Ihm dienen, Ihn anbeten, Ihm nahe sein und dadurch eure enge Beziehung zu Ihm erkennen könnt.

Ich sage euch, daß Ich in jedem einzelnen, in jedem Wesen bin. Deshalb haßt und kritisiert niemanden. Verbreitet Liebe, immer und überall. Das ist die rechte Art, Mich zu ehren. Versucht nicht, Mich zu messen oder zu bewerten. Ich bin jenseits der Grenzen eures Verstandes. Gebet und Verehrung dienen eurer eigenen Genugtuung und Befriedigung. Aber zu behaupten, daß Ich nur antworte, wenn Ich gerufen werde, nur zu Hilfe komme, wenn an Mich gedacht wird, ist falsch. Ihr kennt doch den folgenden Satz aus der Schrift: 'Ihr könnt Meine Schritte hören, denn Ich gehe mit euch, hinter euch, neben euch.' Wenn ihr in tiefstem Schmerz aufschreit: 'Hörst Du nicht die Klage meines Herzens? Ist Dein Herz von Stein?', dann wird Mein Ohr da sein, um euch zu hören. Bittet Mich, euch zu beschützen wie Meinen Augapfel, und Ich werde über euch wachen und euch behüten. Ich höre auf jeden Namen, mit dem ihr Mich anruft, Ich erfülle jede Bitte, die aus reinen Motiven und aus einem reinen Herzen kommt."

"Ihr habt sicher gehört, daß es Menschen gibt, die nach Erlösung *(moksha)* streben und sie erlangen. Viele mögen denken, die Erlösung sei eine seltene Ehre, die nur wenigen zuteil wird, eine Art Paradies, ein Reich der Auserwählten, eine Höhe, zu der nur wenige, besonders starke Seelen aufsteigen können. Nein, Erlösung ist etwas, das alle erlangen MÜSSEN, ob sie stark sind oder nicht; selbst jene, die das nicht glauben, werden schließlich den Weg zu ihr finden. Denn jeder strebt jetzt schon danach, wenn er Freude und Frieden sucht. Und wer verlangt nicht nach Frieden und Freude? Erlösung ist das Erlangen ewigen Friedens und ewiger Freude. Vergänglicher Freuden und des vorübergehenden Friedens überdrüssig, wird der Mensch schließlich das Geheimnis ewigen Friedens und unvergänglicher Freude zu entdecken suchen. Würden die Menschen den Weg zu dieser Beständigkeit des Friedens und der Freude kennen, so würden sie sich nicht durch Sinnesfreuden ablenken lassen und den falschen Weg gehen. Die Unterweisung in diesen grundlegenden Wahrheiten fehlt in den modernen Lehrplänen. Männer und Frauen leben lange Zeit dahin, ohne das Geheimnis eines friedvollen, fröhlichen Lebens zu kennen. Die Gebildeten sind heute unzufriedener als die Ungebildeten, obgleich sie eigentlich ruhiger und den Verwirrungen des Geistes weniger ausgesetzt sein sollten.

Ihr müßt dieses Problem bei der Wurzel packen. Unwissenheit kann nur durch Wissen, Dunkelheit nur durch Licht vertrieben werden. Keine Argumente, Drohungen oder Beschwörungen können die Dunkelheit veranlassen zu weichen. Ein Lichtstrahl aber genügt, sie zu vertreiben. Bereitet euch auf diesen Strahl der Erleuchtung vor. Das Licht ist bereits in euch, aber da es von einer Übermacht verdunkelnder Einflüsse überschattet wird, kann es seine Leuchtkraft nicht entfalten. Die Überwindung der Dunkelheit, die Entdeckung des Lichts wird Erleuchtung oder Erlösung *(moksha)* genannt, und jeder wird sie erfahren, ob er danach strebt oder nicht. Sie ist das unvermeidliche Ende jeder Entwicklung, das Ziel, dem sich alle nähern. Wollt ihr wissen, wie ihr euch darauf vorbereiten könnt? Die Antwort liegt schon in dem Wort '*moksha*'. Es erklärt sich selbst. 'Mo' bezeichnet 'moha' (Täuschung, verblendet sein durch das Schillernde, das Vergnügen, das Vergängliche, durch weltlichen Tand) und 'ksha' kommt von 'kshaya' (Niedergang, Verschwinden, Zerstörung). Es erfordert, daß ihr den Flug eurer Gedanken nicht von den Täuschungen der Sinneswelt ablenken laßt, sondern direkt auf das Ziel, auf die Erlösung, ausrichtet."

Sathya Sai Baba

Vorwort

Die Fragen und Antworten, die hier niedergeschrieben sind, datieren von Januar 1968 bis Februar 1978. Die ersten beiden Interviews wurden auf Tonband aufgenommen und sind vollständig wiedergegeben. Alles andere sind Aufzeichnungen, die sofort nach jeder Unterhaltung gemacht wurden.

Die gestellten Fragen erheben nicht den Anspruch, tiefschürfend zu sein. Die Antworten jedoch kommen aus der Quelle der Wahrheit und können dem größten Gelehrten oder geübtesten *Yogi* zum besseren Verständnis dienen.

Alle, die Sai Baba besucht haben, sind sich dessen bewußt, wie selten und schwierig es ist, Gespräche mit Ihm zu führen. Aus diesem Grund wurde beschlossen, dieses Notizbuch zu veröffentlichen.

Die Fragen und Antworten sind – mit Ausnahme der beiden auf Band aufgenommenen Interviews – nicht chronologisch geordnet. Die kursiv gedruckten Sanskrit- und Teluguwörter sind am Ende des Buches im Glossar näher erläutert.

J.S. Hislop

1.

Auf Tonband aufgenommenes Interview Januar 1968

Hislop: Obwohl wir keine volle Klarheit über die wirkliche Bedeutung des Lebens haben, müssen wir ununterbrochen handeln. Die Unklarheit verursacht Verwirrung, die uns bedrückt, und um Klarheit zu finden, entwickeln wir Ideen über Wahrheit, Gott und die Wirklichkeit. Doch alle diese Vorstellungen existieren nur in unserer Einbildung und schaffen keine Klarheit. Das Leben ist trotzdem noch verwirrend. Es bleibt also die Frage: Warum können wir die Wahrheit des Lebens nicht klar erkennen?

Sai: Du bezeichnest Wahrheit, Gott und die Wirklichkeit als Einbildung. Warum glaubst du das? Es ist nicht so. Die Wirklichkeit ist das harmonische Zusammenspiel von Zeit, Arbeit, Ursache und Ergebnis. Wenn diese vier nicht harmonisch aufeinander abgestimmt sind, empfindest du es als unwirklich. Ein Beispiel: Gestern bist du in Bangalore angekommen und mit dem Taxi nach *Puttaparthi* gefahren. Reisen ist Arbeit. Du brauchtest vier Stunden für die Fahrt. Das ist Zeit. Du bist gekommen, um Swami zu sehen. Das ist die Ursache. Nun hast du Ihn gesehen, und das hat dich glücklich gemacht. Das ist das Ergebnis.

Andererseits bist du gestern Nacht im Traum in Amerika einkaufen gegangen. Dabei waren vier Faktoren nicht da: Es gab keine Arbeit, es verging keine Zeit, und wo ist das Ergebnis? Das war unwirklich. Das Erlebnis war nur eine Vorstellung, nur Einbildung. Das ist der Unterschied zwischen Wirklichkeit und Vorstellung.

H: Aber Wahrheit, die auf Arbeit, Zeit, Ursache und Ergebnis beruht, gibt es überall, und doch ist die Welt in einem furchtbaren Zustand. Deshalb muß doch noch mehr dazu gehören?

Sai: Wenn man keinen festen Glauben an das Ergebnis hat, erwacht der Zweifel. Hier ist ein Beispiel: Jetzt ist es Tag, und die Gegenstände im Zimmer sind deutlich sichtbar. Darüber gibt es keinen Zweifel. In der Nacht, wenn es ganz dunkel ist, muß man sich vorwärtstasten und sieht nichts. Auch diese Situation ist eindeutig. Aber in der Dämmerung, wenn es halb hell und halb dunkel ist, taucht der Zweifel auf. Man kann leicht ein Seil, das auf dem Weg liegt, für eine Schlange halten und sich fürchten. Zwielicht behindert die Sicht. Volles Licht ist Wissen und volle Dunkelheit Unwissenheit. Der Zweifel erwacht, wenn es halb dunkel und halb hell ist. Wenn Unwissenheit und Wissen sich vermischen, entstehen Zweifel. Du bist nun in diesem Zwischenstadium: Du hast noch nicht das volle Wissen, das auf umfassender Erfahrung beruht. Wenn du selbst die entsprechenden Erfahrungen gemacht hast, wird der Zweifel verschwinden, auch wenn Unwissenheit und Wissen noch vermischt sind. Deine Zweifel beruhen auf Mangel an Erfahrung.

Hier ist noch ein kleines Beispiel: Wenn du an Malaria leidest, haben auch Süßigkeiten einen bitteren Geschmack. Die Süßigkeit ist nicht bitter, und doch glaubst du, sie sei es. Das ist nicht die Schuld der Süßigkeit. Unwissenheit ist ebenso eine Krankheit wie Malaria, und das Heilmittel dafür ist spirituelle Disziplin *(sādhana)*. Der Mensch zweifelt nur, wenn er die Wahrheit nicht kennt. Wenn du die Wahrheit erfährst, wird der Zweifel verschwinden. Es gibt nur eine Wahrheit, und sie bleibt Wahrheit für alle Ewigkeit. Erkenne alles Veränderliche als Unwahrheit, als nicht wirklich.

Du warst einmal klein, bist gewachsen und immer größer geworden. Das ist auch ein Vorgang in der unwirklichen, veränderlichen Scheinwelt, denn wo ist der Körper des Zehnjährigen? Er ist zum jetzigen Körper geworden. Zuerst kennt ihr die Wahrheit nicht, später dann, durch die Erfahrung, wird sie euch klar. Auch zwischen Dunkelheit und Licht gibt es keinen Unterschied, sie sind ein und dasselbe. Hier ist ein kleines Beispiel: Gestern abend hast du eine Frucht gegessen. Heute morgen hattest du Stuhlgang, und sie wurde ausgeschieden. In der einen Form war es eine Frucht, in der anderen Form ist es Kot: Das Schlechte und das Gute sind dasselbe, es gibt nur eines.

Genauso ist es mit dem Licht und der Dunkelheit. Wird es hell, verschwindet die Dunkelheit. In Wirklichkeit aber geht die Dunkelheit nicht weg, sondern wenn das eine kommt, sieht man das andere nicht mehr.

H: Swami sagt, daß diese Mischung von Licht und Dunkelheit, von Unwissenheit und Weisheit, die soviel Unglück und Sorgen verursacht, vergeht, wenn man die richtige Erfahrung gemacht hat. Meine Frage ist nun: Was hindert uns daran, die richtige Erfahrung zu machen?

Sai: Es fehlt an der nötigen Intensität. Wieviele Stunden, wieviele Jahre des Lernens sind notwendig, um schwierige Bücher lesen und verstehen zu können! Wenn ihr eure spirituellen Übungen mit der gleichen Intensität ausführt, werdet ihr die Wahrheit ganz sicher erkennen. Auf dem spirituellen Pfad fehlen euch Intensität und Konzentration. Selbst in weltlichen Dingen wie Gehen, Sprechen und Lesen braucht man Konzentration. Ohne Konzentration kann man gar nichts tun, nicht einmal die kleinsten Dinge des täglichen Lebens. Sobald ihr jedoch versucht, an Gott zu denken, werdet ihr unruhig, und eure Gedanken wandern umher.

Warum könnt ihr weltliche Dinge mit voller Konzentration ausführen? Warum? Weil ihr euch dafür interessiert. Aber wenn es um Gott geht, schweifen eure Gedanken ab. Nur auf die Arbeit, die ihr wirklich gerne tut, konzentriert ihr euch. Alles andere vernachlässigt ihr.

Ein kleines Beispiel: Du fährst in einem Auto und unterhältst dich mit dem Beifahrer. Die Straße wird eng und gefährlich, und du sagst: "Bitte laß uns jetzt nicht mehr sprechen, ich muß mich auf das Fahren konzentrieren." Warum sagst du das? Weil dir dein Körper so lieb ist, bist du auf seine Sicherheit bedacht. Wenn dir Gott wirklich lieb ist, wirst du dich auch auf Ihn konzentrieren.

H: Aber das ist es ja gerade, das ist das Problem.

Sai: Alles, was ihr tut, muß der Wahrheit, dem Leben dienen. Ihr liebt das Leben. Es ermöglicht diese Erfahrungen, und deshalb klammert ihr euch daran. Ohne Leben gibt es keine Erfahrungen, aber das Leben selbst verändert sich nicht. Es ist immer dasselbe, es ist Wahrheit, Wirklichkeit, es ist Gott. Nur das Unveränderliche ist wirklich.

H: Da wir selbst diese Wirklichkeit sind, möchten wir, daß Liebe unser Leben erfüllt. Wir möchten ganz natürlich mit dem Leben fließen, ohne unseren launischen Wünschen zu folgen. Doch das geschieht nicht. Swami sagt, der Grund dafür ist, daß es uns an Intensität fehlt. Wir versuchen also, diese Intensität zu bekommen. Wir streben dieses Ziel an, aber durch unser Bemühen wird das, was uns daran hindert, die gewünschte Intensität zu erlangen, immer stärker.

Übersetzer: Das habe ich nicht verstanden.

H: Wir sind von Natur aus selbstsüchtig und habgierig. Wenn wir materielle Ziele durch ein spirituelles Ziel ersetzen, haben wir immer noch mit derselben Habgier zu kämpfen. Und dann noch etwas: Wenn man nicht liebt – was wir ganz sicherlich nicht tun – dann sagt man sich: "Ich muß diese Liebe bekommen." Das ist, als ob Liebe dort drüben, und man selbst hier wäre.

Sai: Wer bist du? Wer bist du?

H: Ich bin das Ergebnis meiner ganzen Vergangenheit, aller meiner Gedanken.

Sai: Was ist dieses "mein"? Was ist dieses "mein"? Wer ist es, der dies oder jenes als "mein" beansprucht? Dieser Besitzanspruch steht zwischen der Liebe und dir selbst. Was ist Liebe, und wer bist du?

H: Ich bin der, der ich bin – das Ergebnis all dieser.....

Frau Hislop: Das mit dem Ergebnis ist eine Vorstellung. Swami sagt, du und die Liebe seien dasselbe. Du bist es, der aus einem zwei macht.

H: Ja, ich bin derjenige, der den Zwiespalt schafft. Ich bin das Ego.

Sai: Das Ego ist unwirklich.

H: Wenn das Ego nicht wirklich ist, dann bin ich....

Sai: Aber du bist nicht das Ego. Du bist wirklich, das Ego nicht. Alle derartigen Diskussionen sind nichts als Worte. Ohne spirituelle Übungen *(sādhana)* werdet ihr das nicht verstehen. Ein Beispiel: Einer fragt uns, was Zucker ist. Weil wir Zucker kennen, sagen wir: "Er ist bräunlich und fühlt sich wie Sand an." Das Süße jedoch hat keine Form. Ihr könnt den Zucker beschreiben, aber nicht den Geschmack, denn dieser hat keine Form.

Es gibt auch viele weltliche Dinge, von denen ihr nichts wißt, von denen ihr euch keine Vorstellungen machen könnt, und mit denen ihr euch nicht befaßt. Wenn ihr nur intensiv an Gott denken würdet, anstatt immer zu diskutieren und so viele Bücher zu lesen! Ihr müßt praktische Erfahrungen sammeln! Selbst wenn einer ein Buch schreibt, spricht er über seine eigenen Erfahrungen. Du liebst deine Frau, und sie liebt dich. Aber wenn sie hungrig ist, kannst du nicht für sie essen, und wenn du hungrig bist, kann sie es nicht für dich tun, obwohl ihr euch beide innig liebt. So ist es auch mit dem spirituellen Hunger. Jeder Mensch muß selbst suchen und seinen eigenen Glauben seinem Hunger entsprechend stillen.

Obwohl Swami zu erklären versucht, versteht ihr es nicht. Das ist nur durch eigene Erfahrung möglich. Wenn ihr Autofahren lernt, braucht ihr viel Platz zum Üben. Nachdem ihr es aber gelernt habt, fühlt ihr euch auch auf einer engen Straße sicher. Es ist wie in der Schule: Schrittweise versteht ihr immer mehr. Wenn das Kind gerade das ABC gelernt hat, kann es schwierige Worte noch nicht verstehen.

Anfangs habt ihr Schwierigkeiten, weltliche Dinge zu verstehen – ja, ihr versteht nicht einmal euch selbst. Wie könntet ihr da erwarten, das zu verstehen, was über euch hinausgeht? Zuerst versucht einmal, euch selbst zu verstehen. Dazu bedarf es spiritueller Disziplin *(sādhana)*. Zuerst "Ich" dann "Du". "Ich" plus "Du" ist "Wir". Dann kommt "Wir" plus "Er" und dann nur noch "Er".

H: Nein, das habe ich nicht verstanden.

Sai: Zuerst "Ich", dann "Du". "Ich" – das ist Leben. "Du" – das ist die Welt. "Ich" plus "Du" ist "Wir" – die Schöpfung. "Wir" plus "Er" ist Gott.

Dann nur “Er“. Da ist die Liebe, der Liebende und der Geliebte. Wenn alles eins wird, entsteht göttliche Glückseligkeit. An diesem Ventilator seht ihr drei Flügel. Sie stellen die drei Seinszustände *(guna)* dar, auf denen die Schöpfung beruht. Nur wenn sich alle drei harmonisch in derselben Richtung drehen, verspüren wir den kühlen Luftstrom. In eurem Innern gehen diese drei in verschiedene Richtungen. Wenn ihr sie koordiniert, so daß sie sich in ein und derselben Richtung drehen, werdet ihr auf das Eine ausgerichtet sein, und das wird euch in die Lage versetzen, zu wissen.

Besucher: Könnte es vielleicht so sein? Es ist eine allgemeine Erfahrung, daß spirituelle Übungen langsamen Fortschritt bringen. Aber es kommt vor, daß man plötzlich zu einer Erkenntnis gelangt, zu der man normalerweise erst nach langer Zeit gekommen wäre. Ist eine solche plötzliche Erkenntnis Deiner Gnade zuzuschreiben?

Sai: Ein anderes Beispiel: In einem Haushalt ist die Arbeit auf alle verteilt, und jeder leistet seinen Beitrag. Niemand sagt am Abend nach der Arbeit: “Vater, ich habe dieses und jenes getan, du mußt mich jetzt dafür bezahlen.“ Innerhalb der Familie fordert man keine Bezahlung, sondern hilft sich gegenseitig. Wenn fremde Leute kommen, um zu arbeiten, wird ein Lohn vereinbart. Daran, daß sie bezahlt werden, sieht man, daß sie Außenstehende sind. Wer zur Familie gehört, wird nicht bezahlt, sondern arbeitet aus eigenem Antrieb und erwartet keinen Lohn.

Ähnlich ist es mit Gott. Wer Gott liebt und sich Ihm nahe fühlt, wer zu Seiner Familie gehört, fordert keine Bezahlung. Wer sich Mir ganz hingibt, gehört Mir und wird keine Bezahlung erwarten. Aber wer mit Gott feilscht und sagt: “Ich habe mich so angestrengt, dafür solltest Du mir dieses oder jenes als Belohnung geben“, der ist ein Außenstehender.

Ein Baby muß nicht sagen: “Ich will Milch haben, ich will gewickelt werden,“ usw. Die Mutter kümmert sich um alle Bedürfnisse des Kindes, ohne daß sie darum gebeten wird. Wenn ihr euch vollständig Gott hingebt und ein Kind Gottes werdet, braucht ihr Ihm nicht zu sagen, was ihr wollt. Er wird euch mehr geben, als ihr erwartet habt. Doch nur durch Liebe könnt ihr ein solch enges Band knüpfen. Übt euch in spiritueller Disziplin *(sādhana)*, dann kommt es zu dieser Gottesnähe, und ihr braucht Ihm nicht zu sagen, daß ihr dieses oder jenes haben wollt. Wenn ihr wie kleine Kinder seid, wird Er kommen und euch mehr geben als ihr erbeten habt.

Das Ego hindert euch, Gott nahe zu kommen. Das Ego sagt: “'Ich' muß dies tun, 'Ich' will das alles haben.“ Ihr müßt erkennen, daß das “Ich“ nur ein Instrument des Herrn ist. So wie dieser Ventilator, so seid auch ihr ein Instrument des Herrn. Dreht sich der Ventilator aus eigener Kraft, oder wird er durch den Strom angetrieben?

H: Der Strom läßt den Ventilator rotieren.

Sai: Gott ist der Strom, ihr seid nur ein Instrument. Ihr glaubt zwar, daß eure Augen sehen und eure Ohren hören, aber das ist nicht richtig. Eure Augen sind hier, aber eure Gedanken sind in Bangalore und beschäftigen sich mit diesem und jenem. Eure Augen sehen zwar, aber eure Gedanken sind irgendwo anders. Auf den Geist kommt es an. Der Körper ist wie eine Taschenlampe. Das Auge ist die Glühbirne, der Geist die Batterie, die Intuition der Schalter. Nur wenn die vier zusammenwirken, leuchtet das Licht auf.

H: Sich Gott ergeben ist das Wichtigste, aber.....

Sai: Das Wort "Ergebung" (engl. "surrender") als Übersetzung des Sanskritwortes *"sharanāgati"* ist nicht ganz zutreffend, es ist nicht das richtige Wort. Es gibt die Beziehung nicht richtig wieder. Wenn ihr sagt "Ergebung", dann entsteht der Eindruck, als würdet ihr hier und Gott dort sein. Aber ihr seid eins mit Gott.

Besucher: Das Wort "Ergebung" ist nicht richtig, ist Selbsterkenntnis.....

Sai: "Selbst"-Erkenntnis. Das ist, was es besagt. Du erkennst dich selbst. Du bist du und nicht deine Frau. Du bist du.

Eine zweite Besucherin: Wo liegt unsere Verantwortung? Wir sollen doch teilen und anderen helfen?

Ein dritter Besucher: Erst muß man sich selbst helfen.

Sai: Das "Selbst" ist das Fundament. "Helfen" ist die Mauer, und Gott ist das Dach des Gebäudes. Licht ist der Eigentümer.

Besucher: Aber die Dame wollte wissen, wo die Grenze liegt. Wo liegt die Grenze der Verantwortung? Wie weit sollte man gehen?

Sai: Als erstes müßt ihr euch um euch selbst kümmern, damit ihr anderen keine Bürde seid. Das ist das Wichtigste. Wenn ihr nicht all denen helfen könnt, denen ihr gerne helfen möchtet, macht das nichts. Aber fügt niemandem Schaden zu, das ist Hilfe genug. Macht euch keine Sorgen, wenn ihr nicht helfen könnt. Aber achtet darauf, daß ihr nie jemandem weh tut, denn das ist das Übel. Allein der Wunsch, anderen helfen zu wollen, auch wenn ihr nicht dazu in der Lage seid, ist gut. Nur wer körperlich, geistig und seelisch stark ist, kann anderen dienen. Nahrung, Verstand und Gott. Nahrung erhält den Körper, und ihr braucht einen gesunden Körper, damit das Gehirn richtig arbeitet, und ihr denken könnt. Und wozu braucht ihr Kopf und Verstand? Um "Das" zu erkennen, was hinter "Diesem" liegt – und das ist Gott.

Besucherin: Aber es schmerzt mich, Menschen in Not zu sehen, Bettler und unschuldige kleine Kinder, die krank sind...

Ein zweiter Besucher: Ist es nicht egoistisch, alles für sich selbst zu behalten?

Übersetzer: Aber das hat Swami doch nicht gemeint. Swami hat gesagt: "Wie kann man einem anderen Menschen helfen, wenn man nicht selbst körperlich, geistig und seelisch stark ist?"

Sai: Wer selbst kein inneres Gleichgewicht besitzt und die Wahrheit nicht erkannt hat, wird andere irreführen.

Besucher: Man kann eben nicht geben, was man nicht hat.

Ein zweiter Besucher: Nicht, bevor man sich selbst in Ordnung gebracht hat.

H: Ist es Swami möglich, dieser Dame Selbstverwirklichung zu vermitteln?

Ein dritter Besucher: Swami sagt, es sei möglich. Er gibt uns Wahrheit, warum sollte Er uns nicht auch Selbstverwirklichung ins Herz geben können?

Sai: Wenn ein echtes, tiefes Gefühl dafür vorhanden ist, kann Swami das tun, o ja. Sie hat diese Tiefe des Gefühls für das Körperliche. Wenn sie sich mit derselben Intensität der Gotterkenntnis widmen würde, dann könnte Swami sie ihr sofort geben.

H: Also das ist es, was Swami meint mit "bevor ihr anderen helfen könnt"!

Sai: Je größer die Intensität, desto besser das Ergebnis. Je tiefer ihr nach der Quelle grabt, desto höher wird – durch den Schlamm, den ihr herausbringt – der Hügel daneben. Die Tiefe entspricht der Höhe.

H: Swami sagt, Er könne einem trockenen Herzen nichts geben. Warum ist das Herz trocken?

Sai: Sogar das tut Gott zu eurem eigenen Besten. Warum sollte Er euch Nahrung geben, wenn ihr keinen Hunger habt? Nur wenn ihr hungrig seid, nützt euch die Nahrung; wenn ihr jedoch Nahrung zu euch nehmt, ohne hungrig zu sein, verderbt ihr euch den Magen. Manchmal gibt Gott euch aber auch nichts zu essen, wenn ihr hungrig seid, nur um euch zu prüfen und in Schach zu halten.

Stellt euch vor, ihr wärt im Krankenhaus. Dort gibt man euch nicht alles, wonach ihr verlangt. Zur rechten Zeit und in der richtigen Menge bekommt ihr nur, was zu eurer Heilung beiträgt. Manchmal mag Gott euch sogar eine spirituelle Erfahrung vorenthalten. Aber alles, was Er tut, wird euch helfen. Er tut nichts, was dem Menschen schaden oder ihm Kummer bereiten könnte. Daran müßt ihr glauben. Als erstes müßt ihr die Tatsache begreifen, daß Gott Pflichterfüllung bedeutet, und darum eure Pflicht tun.

H: Ist das Herz trocken, weil man seine Pflicht nicht tut?

Sai: Niemand hat ein ganz trockenes Herz. Jeder Mensch fühlt zumindest die Liebe, die ihm die Sinne vermitteln. Ihr empfindet Liebe weltlicher Art – für eure Kinder, Familie und andere. Es ist die gleiche Liebe, aber nur auf wenige beschränkt. Ihr müßt alle einschließen und eure Liebe auf Gott richten.

Besucher: Wer ein vollkommen trockenes Herz hat, würde nicht nach *Prashanti Nilayam* kommen.

Sai: Selbst wenn ihr nach *Prashanti Nilayam* kommt, beschränkt sich eure Liebe auf Frau und Familie. Lebt in Liebe. Gott ist Liebe. Er ist nichts anderes als Liebe. Es gibt verschiedene Arten der Liebe: die Liebe zur Familie, die Liebe zum Geld. Liebe zu Gott nennt man Frömmigkeit. Dies ist ein Glas mit Wasser. Ein Engländer wird es "water" nennen, in Andhra heißt es anders und in Tamil wieder anders. Aber das Wasser bleibt dasselbe. Wir geben ihm nur verschiedene Namen.

Die Liebe zu Frau, zu Kindern und zu Dingen wird mit verschiedenen Namen bezeichnet, und so nennt man die Liebe zu Gott Frömmigkeit. Die Liebe aber ist ein und dieselbe. Liebe ist das Allerwichtigste. Wenn Liebe euer Herz erfüllt, braucht ihr nichts anderes.

H: Aber Liebe ist doch nicht etwas, das vom Menschen gemacht wird. Wie kann ich dann Liebe entwickeln?

Sai: Du "liebst" dein Tonbandgerät. Woher kommt das? War das schon der Fall, als es noch im Laden war? Nein, erst seit es dir gehört und du sagen kannst: "mein" Tonbandgerät. Als es dir noch nicht gehörte, war es dir gleichgültig. Du liebst es jetzt, weil du fühlst: es ist "mein". Wenn du denkst, Gott ist "mein", dann liebst du Ihn.

Besucher: Ich gebe mir Mühe, das Gefühl der Liebe zu verstärken, aber es gelingt mir nicht.

Sai: Das ist eine Frage der Übung. Verstandesgemäß verstehst du alles. Aber nimm einmal an, du leidest an hohem Fieber, sagen wir vierzig Grad. Auch wenn du hundertmal sagst: "Ich brauche eine Penicillinspritze", wird dich das nicht gesund machen. Es hat keinen Zweck, diesen Gedanken ständig zu wiederholen. Du brauchst die Injektion, und schon geht es dir wieder gut. Anstatt an zehn verschiedene Dinge zu denken, die ihr tun solltet, konzentriert euch auf eine Sache und tut sie, das ist genug. Wenn ihr durstig seid, braucht ihr nicht den ganzen Brunnen auszutrinken, ein Glas genügt. Ihr dürft nicht versuchen, alles auszuprobieren. Konzentriert euch auf eine Sache. Hier ist eine Schachtel mit etwa sechzig Streichhölzern. Wenn ihr Feuer machen wollt, braucht ihr nur eines davon, nicht die ganze Schachtel.

H: Swami, jeder Patient im Krankenhaus hat ein Grundleiden. Ist der Doktor fähig, dieses Grundleiden zu erkennen?

Sai: Wenn er ein guter Arzt ist, ja, wenn er nur den Titel hat, nein. Auf dem politischen Sektor bekommen heute in Indien viele Leute ihren Doktortitel durch Beziehungen, auch wenn sie sehr wenig gelernt haben.

H: Kann mir der allwissende "Doktor" bitte sagen, was – abgesehen vom Körperlichen – mein Hauptproblem ist?

Sai: Du hast ein Sehnen, dich Gott zu nähern. Jetzt bist du gerade an dem Punkt, wo du wissen willst, wie du das tun kannst. Das kann Swami dir nicht vor den anderen sagen. Er wird es dir allein sagen. Solche Fragen sind privat. Auch der Arzt untersucht und berät seine Patienten einzeln und nicht, während andere im Zimmer sind.

Besucher: Swami, soll ich fortfahren, dieselbe Art von Meditation zu lehren wie bisher? Es sind nicht immer dieselben Leute da.

Sai: Es muß immer dieselbe Gruppe sein. Wenn neue Leute hinzukommen, mußt du dich ihnen besonders widmen; du darfst sie nicht mit den anderen zusammen unterrichten.

Besucher: Gestern kamen mehrere neue Leute.

Sai: Innerhalb der Gruppe bestehen keine großen Unterschiede, und die Leute, die zu dir kommen, wissen nicht viel. Wenn ein Kind das ABC lernen soll, muß es dauernd üben und die einzelnen Buchstaben wiederholen.

Besucher: Wann soll ich abreisen?

Sai: Das mußt du selbst entscheiden. Wenn du am Morgen des 19. abreisen willst, wird Swami dich morgen zu Sich rufen. Solltest du andere Pläne haben, wird Er es entsprechend einrichten. Swami ist nicht durch den Raum begrenzt. Wo du auch bist, hier oder in Bombay, Er ist mit dir. Du mußt glücklich sein. Das ist es, was Swami will. Es sollte von deiner Entscheidung abhängen.

Besucher: Aber es fällt mir immer sehr schwer, Entscheidungen zu treffen.

Sai: Es ist die Aufgabe des Menschen, immer zu entscheiden, was richtig und was falsch für ihn ist. Du kannst am Morgen des 19. abreisen.

Ein zweiter Besucher: Swami, ich bin schon lange von meinem Geschäft abwesend, um mit Swami zu sprechen. Wenn ich aber noch einen Monat hier bleibe, wird Swami mich erst am Ende dieser Zeit zu Sich rufen. Ich möchte jetzt mit Swami sprechen und dann noch einen Monat bleiben.

Sai: Morgen ist Donnerstag. Swami wird jeden von euch einzeln zu Sich rufen, dann könnt ihr eure Reisepläne machen. Mit dir ist es so: Du hast einige Zweifel und willst diese sofort klären, nur um Platz für neue Zweifel zu schaffen (große Heiterkeit in der Interview-Gruppe). Das ist dein Plan.

Sai (zu einem anderen Besucher): Du hast einen Plan, der die Armen betrifft. Was sind die Einzelheiten?

Besucher: Der alte Tempel! Wir sollten eine Reihe neuer Häuser für die Armen bauen. Dann können alle, die jetzt im alten Tempel wohnen, in die neuen Häuser umziehen, und der alte Tempel kann wieder instand gesetzt werden. Es ist Swamis erster Tempel, und er sollte für die Nachwelt erhalten bleiben. Wenn Leute darin wohnen, wird er in kurzer Zeit verkommen. Wenn der Tempel nur zum Wohnen benutzt wird, sieht es wie eine Respektlosigkeit der Einwohner von *Puttaparthi* aus.

Sai: Das kann später besprochen werden. Jetzt ist Swami besorgt um euch alle, die ihr von so weit hergekommen seid und soviel Geld dafür ausgegeben habt. Eure Liebe ist rührend. Sie ist unbezahlbar und kann nicht mit Geld aufgewogen werden. Swami will, daß ihr glücklich seid. Er wird euch durch Seine Lehren so schnell wie möglich dazu verhelfen.

Besucher: Aber jetzt ist es an der Zeit! Die Weltkonferenz findet im Mai statt, und Besucher aus aller Welt werden hierherkommen. Es ist gleichgültig, wessen Plan den alten Tempel retten wird; es sollte jedermanns Anliegen sein und in Gemeinschaftsarbeit durchgeführt werden.

Sai: Fertige eine Zeichnung an, die zeigt, wie es gemacht werden soll und lege sie Swami vor.

Besucher: Noch etwas: Ich muß, wie mir gesagt wurde, noch in einer anderen Angelegenheit um Swamis Zustimmung bitten. Ich möchte ein kleines Stück Land auf dem gegenüberliegenden Hügel kaufen. Ich habe den Plan, dort eine große Baracke zu errichten, in der man sich versammeln, *Yoga* praktizieren und vieles andere tun kann. Wenn ich innerhalb des *Aschrams* wohne oder direkt vor dessen Toren, wird es viel Gerede geben. Außerhalb dagegen.....

Ein anderer Besucher (unterbrechend):...wo es keine Aufsicht gibt.

Ein dritter Besucher: Keine Kontrolle.....

Sai: Ein freies Paradies (große Heiterkeit unter den Anwesenden).

Besucher: Na ja, niemand kann dann kommen und sagen: "Kochen ist hier verboten" und so weiter.

Sai: Am Anfang mag das alles gut gehen, aber dann wirst du mehr Schwierigkeiten haben als dir lieb ist – die vielen Hunde aus den Dörfern und andere Probleme.

Besucher: Ich habe mir schon zu Hause überlegt, daß ich gern ein kleines Haus außerhalb des *Aschrams* hätte.

Sai: Mit den Hunden wirst du ein großes Problem haben. Jeder hat zehn Junge.

Besucher: Aber trotzdem.....

Sai: Wir werden noch darüber reden. Du magst begeistert damit beginnen, aber die Schwierigkeiten, die sich später einstellen, werden dir sehr zu schaffen machen. (Swami bewegt jetzt Seine Hand und materialisiert große Mengen von Süßigkeiten, die Er verteilt. Ihr Wohlgeschmack ruft Begeisterung bei der Gruppe hervor.)

Sai: Reiner Zucker.

Besucher: Nicht nur Zucker – auch Aroma.

Sai: Jeder Tag sollte so süß sein wie dieser Zucker.

Besucherin: Jemand sagte mir, ich dürfe diese Ohrringe, die Du mir gegeben hast, von niemandem berühren lassen, da sie heilig seien. Ich sage den Leuten aber nicht gern, daß sie sie nicht berühren dürfen.

Sai: Was über "nicht berühren" gesagt wird, trifft nicht zu. – Wart ihr alle ärgerlich, daß Swami heute morgen nicht kam?

Besucher: Nein, nein, Baba. Wir haben *"bhajans"* gesungen und über die *"gopīs"* gesprochen.

Sai: *"Gopī"* bedeutet "Beherrschung der Sinne". Es ist nicht nur ein Frauenname. – Ende des Interviews

2.

Ein zweites Interview, das auf Tonband aufgenommen wurde, folgte am nächsten Tag. Beide Interviews fanden in der dritten Januarwoche 1968 statt.

H: Was bedeutet "sich Gott hinzugeben", wenn es sich um etwas Alltägliches wie Rasieren, Einkaufen, Spazierengehen usw. handelt?

Sai: Hingabe an Gott ist das Übergeben aller Gedanken und Handlungen an Gott, ohne Verlangen nach ihren Früchten zu haben. Das bedeutet, aus Pflichtgefühl zu handeln und nicht im Hinblick auf einen Gewinn. Wenn das Handeln Gott geweiht ist, liegen die Ergebnisse in Gottes Hand. Handlungen haben keinen Einfluß auf das spätere Schicksal, wenn man nicht an ihre Früchte denkt. Dann sind sie frei von Folgen. In diesem Falle bekommt das Ego keine Nahrung und verschwindet bald. Wenn man sich also z.B. rasiert, was eine ungeistige, weltliche Tätigkeit ist, sollte man es tun, um zu Ehren des Herrn – der ja im Herzen wohnt – einen guten Eindruck zu machen, und nicht aus persönlicher Eitelkeit. Auch wenn ihr spazieren geht, tut es, um den Körper gesund zu erhalten, weil der Herr darin wohnt. Das sollte die innere Einstellung bei jeder einzelnen Handlung des Tages sein.

Das Haus muß ausgefegt werden, damit es eine angemessene Wohnstatt für den Herrn ist. Auch das Kochen muß Ihm gewidmet sein und den Zweck haben, den Körper Ihm zu Ehren kräftig und gesund zu erhalten. Es ist töricht, die Früchte seiner Handlungen ernten zu wollen. Das einzige, was man mitnehmen kann, wenn man stirbt, sind die eigenen guten und schlechten Taten. Nichts von der Macht, dem Geld, der Stellung, dem Ansehen, der Bildung, der Schönheit des Körpers kann man mitnehmen. Alles das vergeht, und es ist daher sehr töricht, dafür zu arbeiten. Der Mensch ist Leben, angefüllt mit Wünschen; Leben ohne Wünsche ist Gott. Weltliches Denken ist Wünschen. Wenn dieses Denken verschwindet, dann verschwinden auch die Wünsche.

H: Swami, wir haben für den Nachmittag des 26. ein Taxi für unsere Abreise bestellt.

Sai: Nein, nein, das ist nicht richtig. Ihr seid von so weit hergekommen, um Sai zu besuchen. Wenn ihr ein Taxi nehmt, um nach Bangalore zu fahren, beleidigt ihr Sai. Es muß Ihm vorbehalten bleiben, sich darum zu kümmern. Ihr solltet das nicht selbst tun.

H: Ich werde das Taxi sofort abbestellen.

Sai: In den letzten Tagen hat es Unruhen in Bangalore gegeben. Studenten protestierten gegen die Bemühungen nördlicher Politiker, Hindi anstelle von Englisch als nationale Sprache einzuführen. Es wurden Bomben geworfen und andere Gewalttätigkeiten verübt. Es ist besser für dich und deine Frau, am 25. anstatt am 26. von hier abzufahren. Am 26. wird ein hoher Regierungsbeamter aus dem Norden in Bangalore erwartet, und es wird wahrscheinlich noch mehr Unruhen geben.

H: Was bedeutet es, wenn Swami zu einem scheidenden Besucher sagt: "Swami ist immer bei dir, wo du auch sein wirst; Swami ist in deinem Herzen"?

Sai: Man kann das mit einem Menschen und einem Stock vergleichen, die beide im Meer schwimmen. Beide bewegen sich mit den Wellen auf und ab, aber der Stock weiß nicht, was geschieht, während der Mensch sich der Bewegung bewußt ist. Der Stock kann mit jenen verglichen werden, in deren Herzen Gott lebt, die aber nie hier waren, um Swami zu besuchen. Der sich der Bewegung bewußte, schwimmende Mensch gleicht einem, der hier zu Besuch war und nach Hause zurückgekehrt ist. Von nun an wird er sich spirituell weiter entwickeln. Das wird geschehen, ob er sich dessen bewußt ist oder nicht.

Es gibt drei Stufen auf dem Weg zur Gotteserfahrung. Die eine ist die intellektuelle, die nur gedankliche Vorstellung ist, die andere ist das Gottnahekommen und die dritte das Einswerden mit Gott. Ein anderes Beispiel: Der Fluß vereint sich mit dem Meer, aber wenn man Süßwasser aus dem Fluß in eine Flasche füllt, sie verschließt und in das Meer wirft, kann das Wasser darin sich nicht mit dem Salzwasser vermischen. In diesem Zustand befindet sich jemand, der nicht hier war. Aber nach einem Besuch in *Prashanti Nilayam* ist es, als ob das Süßwasser nicht mehr vom Ozean getrennt, sondern mit ihm vereinigt und vermischt wäre. Das hier ist die Mischanlage. Swami ist der Diener aller Menschen. Das macht Ihm viel mehr Freude, als Meister zu sein.

H: Was ist die Bedeutung des Wortes *"dharma"*?

Sai: Das Wort *"dharma"* bedeutet nicht nur "Pflicht". In der Pflicht gibt es keine Willensfreiheit, nach der die Vernunft verlangt. Ethisch-religiöse Verpflichtung wird der Vernunft und der Pflicht gerecht, und darauf bezieht sich *"dharma"*. Das Wort *"dharma"* schließt also die Begriffe Pflicht und Vernunft ein.

Besucher: Es entstehen Schwierigkeiten, wenn man zwei verschiedene

Aspekte Gottes verehrt, z.B. die “Mutter“ in Shrī Aurobindos *Aschram* und Swamiji hier.

Sai: Es gibt zwei Möglichkeiten: Entweder man sieht Gott überall und es besteht gar kein Konflikt, oder man fühlt eine starke Verehrung für eine bestimmte Form und ist glücklich dabei. Im letzteren Fall sollte man sich nur an den einen *Guru* halten und nichts mit anderen *Gurus* zu tun haben.

Wenn man eine bestimmte Arbeit verrichtet, muß man dieser die volle Aufmerksamkeit schenken und kann dabei nicht an Gott denken. Aber es kommt darauf an, alle Handlungen Gott zu weihen und die Arbeit nicht um ihrer Früchte willen zu tun, sondern weil es unsere Pflicht ist, sie so gut wie möglich zu verrichten.

Ein anderer Besucher: Kann ich hier im *Aschram* kurze Hosen tragen?

Sai: Nein, das ist nicht erlaubt.

Sai: Im spirituellen Leben macht man am schnellsten Fortschritte, wenn das Boot mit dem Wind segelt. Wenn es gegen den Wind segeln muß, geht es nur langsam vorwärts.

Besucher: Swami, die Schwierigkeit liegt darin zu wissen, in welche Richtung der Wind weht.

Sai: Das ist ganz einfach. Durch Praxis lernt ein Autofahrer, sicher und gut zu fahren, so daß es später keine Rolle mehr spielt, ob er auf einer breiten Straße oder durch eine enge Gasse fährt. Er fährt immer mit demselben Selbstvertrauen. Ebenso braucht man einen *Guru*, um zu lernen, den Vorteil des Windes auf dem Meer des Geistes auszunutzen. Das Problem ist, daß es heutzutage sehr schwierig ist, einen *Guru* zu finden. Sobald jemand ein gelbes Gewand trägt, betrachtet er sich als *Guru* und möchte Leute belehren. Der beste Weg, um festzustellen, ob es sich um einen echten *Guru* handelt oder nicht, ist zu prüfen, ob seine Worte weise sind und ob seine Lebensführung seinen Worten entspricht. Wenn der *“Guru“* nur Worte der Weisheit spricht – und dies ist ein Zeitalter, in dem die Leute weise reden, ohne weise zu sein – und nicht danach lebt, dann sind seine Worte völlig nutzlos.

Heutzutage ist Gott der beste *Guru*. In der spirituellen Welt ist ein *Guru* der Arzt, der die Temperatur des Aspiranten prüft und daraus schließt, wie ihm am besten zu helfen ist. Wenn der *Guru* aber selbst Fieber hat, kann er die Temperatur des Aspiranten nicht richtig einschätzen. Deshalb ist heute Gott der beste *Guru*.

Besucher: Swami, man spricht viel über *“mantras“*.

Sai: Die mechanische Wiederholung einer spirituellen Formel ist wertlos. Wird sie jedoch mit voller Kenntnis ihrer Bedeutung rezitiert, hat sie eine große Wirkung.

Besucher: Wie können wir unser Gedächtnis verbessern?

Sai: Es hat nicht viel Zweck, an die Vergangenheit zu denken, denn sie ist vorbei. Der Versuch, sich an Vergangenes zu erinnern, hat wenig Wert. Wir erinnern uns natürlicherweise an das, was uns interessiert. Hört diese kleine Geschichte: *Arjuna* war 85 Jahre alt, ein Mann in mittleren Jahren. Damals lebten die Menschen länger. *Arjuna* sagte: "Herr, wie kommt es, daß Du Dich an alle früheren Existenzen erinnern kannst und ich nicht?" *Krishna* antwortete: "Was hast du denn vor 10 Jahren am 3. Tag dieses Monats getan?" *Arjuna*: "Das weiß ich nicht mehr." *Krishna*: "Nun, du hast damals doch gelebt." *Arjuna* antwortete: "Ja, das ist wahr." Daraufhin sagte *Krishna*: "Denke an deinen Hochzeitstag, *Arjuna*, der 60 Jahre zurückliegt. Erinnerst du dich daran?" "O ja", antwortete *Arjuna*, "daran erinnere ich mich." "Denke noch weiter zurück, *Arjuna*. Erinnerst du dich an den Tag, an dem du deinem *Guru* begegnet bist, der dich die Kriegskunst lehrte?" "Ja", antwortete *Arjuna*, "auch daran erinnere ich mich." Dann sagte *Krishna*: "Es ist offensichtlich, daß die Menschen sich an Ereignisse, die sie interessieren und an das, mit dem sie sich intensiv beschäftigt haben, erinnern. Aber sie belasten ihr Gedächtnis nicht mit der Erinnerung an Belanglosigkeiten. Du erinnerst dich nicht an Begebenheiten, die zwanzig Jahre zurückliegen, obwohl du damals gelebt hast. Die Erinnerung ist also da, aber du kannst sie nicht ins Gedächtnis zurückrufen. Ich aber erinnere Mich an alles, weil Mich alles interessiert."

Besucher (mit einer professionellen Kamera): Darf ich jetzt ein Foto von Dir machen?

Sai (auf englisch): Wieviele sind hier? Zwei, drei, vier, fünf, sechs, sieben, acht, neun, zehn...zwölf.

Besucher: Zwölf Jünger.

Sai: Dies ist Meine Kamera. (Swami öffnet Seine Hand und darin liegen zwölf kleine Fotografien von Ihm selbst. Viele Ausrufe des Staunens in der Gruppe.) Steckt sie in eure Tasche. Seht – zwölf! Und sogar mit voller Adresse! Die Adresse hier in Indien. Keine Kamera, kein Film, kein Blitz. Es ist eine Visitenkarte, *Puttaparthi* ist die Adresse. (Sai öffnet eine silberne Dose und entnimmt ihr eine Betel-Nuß und einige Blätter.)

Besucher: Was ist das?

Sai: (auf englisch) Das ist die Nuß, dies hier ist das Blatt. Seht euch die Blätter und die Nuß an. Es ist keine schlechte Angewohnheit, sie zu kauen.

Wenn es eine schlechte Gewohnheit wäre, würde Swami es nicht tun. Der Saft der Blätter reinigt das Blut, die Nuß fördert die Verdauung. Deshalb mischt man sie hier sogar in das Futter für junge Hunde. Außerdem wird Kalzium hinzugefügt. Durch die Mischung entsteht die rote Farbe. Das Kauen von Betel ist eine indische Gewohnheit. (Dieses wurde in scherzender Weise gesagt, und die ausländischen Besucher reagierten mit großer Heiterkeit.)

Besucher: Die Bilder, die von Swami gemacht und zum Verkauf angeboten werden, sind nicht gut. Sie werden Swami nicht gerecht. Swami ist vollkommen und alles, was Ihn betrifft, sollte vollkommen sein.

Sai: Einigen gefällt dieses und anderen jenes. Gefallen oder Nichtgefallen hat nichts mit der Sache an sich zu tun, sondern entsteht in eurem Denken. Wenn jemand nach der äußeren Erscheinung urteilt, zeigt das einen Mangel an Tiefe. Erst muß man Swami kennen und dann urteilen.

Besucher: Aber Swami ist so wunderschön, und die Bilder zeigen Ihn häßlich.

Sai: Liebe ist Schönheit.

Übersetzer: Swami meint, weil wir Ihn lieben, sehen wir die Schönheit. Jeder, der es möchte, kann zu Ihm kommen. Ihr braucht euch nicht über die Bilder zu ärgern.

Sai: Johnson – Ich meine Johnson, den englischen Autor und Gelehrten – hatte eine häßliche Frau, die er sehr liebte. Ein Freund sagte zu ihm: "Deine Frau sieht alt und wenig attraktiv aus." Sie war wirklich weder jung noch schön, und alle seine Freunde fanden sie alt und häßlich. Aber für ihn war sie schön. Liebe macht blind.

Besucher: Meister, gestern sagtest Du, hier ist Ego und dort ist Gott. Wird uns unser Hiersein helfen?

Sai: O ja. Wenn ihr mit Gott Freundschaft schließt, werden die drei Grundeigenschaften alles Erschaffenen *(guna)* und das Ego mit seinem Zorn und seiner Eifersucht alle Macht verlieren. Auch die Wissenschaft sagt, daß bei Zorn und Eifersucht, die durch das Ego hervorgerufen werden, das Blut in den Kopf steigt und der Kreislauf sich beschleunigt. Das ist sehr schädlich.

Besucher: Wie kann man Gott lieben lernen?

Sai: Vertrauen ist notwendig. Mit der Ernährung fängt es an. Die Nahrung baut den Körper auf. Es ist schwer, überhaupt etwas zu vollbringen, wenn man nicht gesund ist. Der Magen sollte zu einem Viertel mit Luft, zu einem Viertel mit Nahrung und zur Hälfte mit Wasser gefüllt sein. Heutzutage wird zu viel gegessen, und dann hat das Wasser keinen Platz. In Indien sind Weizen und Reis die Hauptnahrungsmittel. Das ist gut, wenn mit Maßen gegessen wird. Aber die Leute essen zu viel und werden träge. Zu reichliches Essen macht den Geist träge, Mäßigkeit dagegen erhält gesund. Swami bereist ganz Indien, wird aber durch die verschiedenartige Kost nicht krank. Swami wird nur krank, wenn Er die Krankheit eines Gläubigen auf sich nimmt, sonst nie. Zu viel Milch ist dem spirituellen Fortschritt nicht zuträglich.

Besucher: Sai Baba, ich spreche nur für mich, nicht für andere. Für mich ist Fleisch wichtig. Ich lebe von Fleisch.

Sai: Nahrung ist wichtig für den Körper. Selbst für die Tatsache, daß man geboren wird, ist Nahrung die Ursache. Vater und Mutter werden durch Nahrung erhalten und können dadurch einem Kind das Leben schenken. Der Körper entsteht und wächst aus Nahrung. Die Art der Ernährung bestimmt die Gedanken, die euch in den Sinn kommen. Wenn ihr reine Nahrung zu euch nehmt, wird das reine Gedanken zur Folge haben. Dazu gehören Früchte und Milch – alles was milde ist und nicht scharf wie z.B. Zwiebeln. Fleisch wirkt auf das Blut, es stimuliert Zorn und ähnliche leidenschaftliche Reaktionen. Schmutzige Gedanken kommen von Fisch. Obwohl der Fisch immmer im Wasser ist, riecht er schlecht.

Besucher: Wie steht es mit Lammfleisch?

Sai: Wer sich nur auf den Körper konzentriert und nach körperlicher Stärke strebt, kann Fleisch essen, aber für den spirituellen Aspiranten ist das nicht gut.

Besucher: Aber wir brauchen doch das Protein, das im Fleisch ist?

Sai: Ja, das Fleisch gibt dem Körper Protein, aber es fehlt das Protein für den geistigen Bereich. Fleischessen hindert den spirituellen Fortschritt, aber wenn ihr nur am weltlichen Leben interessiert seid, ist es in Ordnung. Es gibt noch einen anderen spirituellen Gesichtspunkt: Wenn ihr ein Tier tötet, verursacht ihr ihm Schmerzen und fügt ihm Leid zu. Gott ist in allen Kreaturen, wie könnt ihr irgendeinem Wesen solches Leid antun? Wenn jemand einen Hund schlägt, heult dieser vor Schmerzen auf. Wieviel mehr Schmerz verursacht das Töten. Es ist nicht die Bestimmung der Tiere, dem Menschen als Nahrung zu dienen. Sie sind hier, um ihr eigenes Leben in der Welt zu leben. Schakale und andere Tiere mögen zwar einen toten Menschen fressen, aber wir sind nicht auf die Welt gekommen, um diesen Tieren als Nahrung zu dienen. Ebenso ißt der Mensch Fleisch, obwohl die

Tiere nicht zu diesem Zweck geboren werden. Aber man hat es sich zur Gewohnheit gemacht, Fleisch zu essen.

Besucher: Aber wir trinken Milch, und die kommt vom Tier.

Sai: Alles was von der Kuh kommt, etwas Milch, Butter und Käse, darf man zu sich nehmen. Das ist bekömmlich und schadet der Kuh nicht. Schon vor dem jetzigen "eisernen" Zeitalter *(kaliyuga)*, vor 5 680 Jahren im "silbernen" Zeitalter *(dvāparayuga)*, begann man die Milch zu schätzen. Das *"kaliyuga"* dauert volle 11 000 Jahre.

Besucher: Dauert das *"kaliyuga"* noch an?

Sai: Ja.

Besucher: In Amerika gibt es verschiedene Bücher, die aussagen, das *"kaliyuga"* sei vorüber und ein anderes habe begonnen.

Sai: Nein. Bevor das *"kaliyuga"* endet, gibt es noch eine Übergangszeit. Es ist wie bei einem Ventilator. Wenn man ihn einschaltet, braucht er eine gewisse Zeit, bis er auf vollen Touren läuft, und wenn man ihn ausschaltet, dreht er sich noch eine Weile, bis er zum Stillstand kommt. Die Welt dreht sich wie der Ventilator. Auch wenn das *"kaliyuga"* endet, macht es noch einige Umdrehungen, bis es ganz zu Ende ist. Es ist so ähnlich wie bei einer Reihe von Straßenlaternen, die in gewissen Abständen voneinander stehen. Das Licht einer Lampe reicht etwa bis zur Mitte. Es gibt einen Punkt, auf den das Licht von beiden Lampen fällt. Es gibt vier *"yugas"*, die zusammen je einen Zyklus bilden. Wenn das letzte zu Ende ist, beginnt er von neuem. Das *"kaliyuga"* dauert noch 5 320 Jahre, bevor es endet.

Besucher: Wie paßt das *"kaliyuga"* in die astrologischen Zeichen?

Sai: Die Vorhersagen der Astrologie unterscheiden sich voneinander, und das deutet auf Fehler hin. Es ist schwierig, gewisse Zeitpunkte genau zu bestimmen, und das führt zu Irrtümern. Die Astrologie kann die Sterne nur von einem Blickwinkel aus betrachten. Die Sterne werden nicht in ihrer Ganzheit gesehen, und das ist die Ursache für Fehlprognosen. Alles verändert sich. Die Menschen ändern sich und auch die Sterne. Die Astrologen ziehen diese Veränderungen nicht in Betracht. Sie beherrschen ihre Wissenschaft nicht vollkommen, und da sie meist kein reines Leben führen, ist ihnen die Hilfe spiritueller Erkenntnisse versagt. Deshalb machen sie Fehler. Wegen all dieser Irrtümer kann man sich auf die Astrologie nicht verlassen, und es hat keinen Wert, sich damit zu befassen.

Besucher: Was kann ich für mein Bein tun? Es ist noch geschwollen und tut weh.

Sai: Laufe nicht und klettere nicht in den Bergen herum, sondern ruhe dich aus.

Besucher: Oh, aber als ich den Berg zum Wunschbaum hinaufgeklettert bin, habe ich nichts gemerkt.

Sai: Du mußt deinem Körper Ruhe gönnen. Der Körper ist wie ein Boot, das Leben ist wie ein Fluß. Auf dieser Seite ist die Welt, auf der anderen Seite Gott. Um die andere Seite, Gott, erreichen zu können, müßt ihr das Boot gut pflegen. Ihr könnt es ohne Gefahr, so lange ihr wollt, im Wasser lassen. Sobald jedoch Wasser in das Boot eindringt, wird es gefährlich. Ihr mögt viele Jahre auf dieser Welt zubringen, laßt aber auf keinen Fall die Welt von euch Besitz ergreifen! Laßt die äußere Welt nicht die innere Welt überwältigen. Denkt an das Beispiel der Lotosblume. Sie wurzelt tief im Schlamm, bleibt aber selbst unberührt von Wasser und Schlamm. Wenn Wassertropfen auf die Lotosblüte fallen, könnt ihr beobachten, daß sie sofort wieder abrollen. Dies ist die tiefere Bedeutung des Brauches, in Bezug auf Gott von "Lotosaugen" und "Lotosfüßen" zu sprechen.

Sai: (zu einer Besucherin): Wenn du modische Ohrringe hättest, würdest du sie tragen?

Besucherin: O ja! (Sai bewegt Seine Hand, und es erscheint ein Paar goldener Ohrringe, die Er der Besucherin überreicht.)

Sai: Schau, sie sind schick, aber nicht sehr wertvoll. (Sai geht auf die Besucherin zu und befestigt selbst die Ohrringe an ihren Ohren. Viele bewundernde Ausrufe der Gruppe.)

Besucher (der ziemlich kahlköpfig ist): Swami kannst Du Haare wachsen lassen?

(Sai beginnt etwas zu sagen, doch der Besucher unterbricht.)

Besucher: Nein, ich mache nur Spaß, Swami.

Übersetzer: Swami kann alles. Swami sagt, daß Er der Dame Ohrringe gibt, um ihr eine Freude zu machen. Je mehr Freude, desto schneller wird die Krankheit geheilt.

Sai: Das ist Medizin für sie, Freude ist Medizin.

Besucher: Ich wollte auf den Berg klettern, um den Wunschbaum *(kalpavriksha)* zu sehen.

Sai: Hier ist der Wunschbaum, Swami ist der Wunschbaum. Swami kann euch alles geben, was ihr wollt. Wenn ihr etwas wollt – hier ist der Baum, der Juwelierladen und auch das Fotogeschäft! (Große Heiterkeit in der Gruppe.)

Besucher: Swamis Geschenke sind schön, aber wie ist es, wenn man sich nur nach innerem Frieden sehnt?

Sai: Nur der Gedanke an Gott und intensive Liebe zu Ihm bringen Frieden. Wenn weltliches Denken nachläßt, vermehren sich die Gedanken an Gott. Normalerweise wünscht man sich immer materielle Dinge. Wenn aber ein Wunsch nach dem andern aufgegeben wird, kann sich der Frieden ausbreiten. Ihr webt, und die Fäden werden zum Stoff. Wenn die Fäden herausgezogen werden, besteht der Stoff nicht mehr. Wenn die Gedanken auf Gott ausgerichtet sind, hat man inneren Frieden. Swami kann euch den inneren Frieden nicht geben, ihr müßt ihn euch erarbeiten. Meditation und spirituelle Übungen werden mit diesem vergänglichen Körper ausgeführt. Er ist zwar vergänglich, aber das Vergängliche muß dazu benutzt werden, die Erkenntnis der unvergänglichen Wahrheit zu erlangen.

Besucher: Ich würde aber gern etwas über inneren Frieden wissen.

Sai: Ja, wenn die Wünsche einer nach dem anderen aufgegeben werden, herrscht Frieden. Dann hört das Denken auf, und der Frieden des Geistes stellt sich ein. Swami kann euch den inneren Frieden nicht geben; ihr müßt ihn euch selbst erarbeiten. Hört auf mit dem vielen Fragen und untersucht nur die eine Frage: "Wer bin ich?" Ihr sagt: "Dies ist mein Körper, mein Geist, meine Intelligenz." Aber auf wen bezieht sich das "Mein"? Wer ist es, der auf den Besitz dessen, was als "Mein" bezeichnet wird, Anspruch erhebt? "Mein", "Mein" weist auf Besitzrecht hin. Dieses "Mein" ist das Leben. Solange Leben im Körper ist, besteht die Verbindung zwischen dem "Mein" und dem Intellekt – "mein Körper", "mein Haus", "mein Land". Aber in dem Augenblick, in dem das Leben den Körper verläßt, gibt es kein "Mein" und kein Gefühl des Besitzes mehr.

Leben ist Gott. "Wer bin ich?" Die Antwort ist: "Ich bin Gott." Der Körper entsteht und vergeht, aber das göttliche Selbst *(ātman)* ist ewig. Dem Körper sind Geburt und Tod bestimmt, aber das göttliche Selbst wird davon nicht berührt. Auch wenn ihr die Bewußtseinsstufe erreicht, auf der ihr sagen könnt: "Ich bin Gott", seid ihr noch im Dualismus befangen. "Gott" und "Ich" – das ist nicht die ganze Wahrheit.

Wenn wir atmen, geht von dem Atem der Ton *"so'ham"*, "Er ist Ich" aus. Darin ist das Körperbewußtsein – das "Ich" – noch vorhanden. Im Tiefschlaf jedoch fallen das "Er" und "Ich" ab und nur "O" und "M" bleiben: *"OM"*; es gibt nur das Eine.

H: Das verstehe ich und zwar schon seit längerer Zeit, aber wann verwandelt sich dieses intellektuelle Verstehen in eine Erfahrung der transzendenten Wirklichkeit?

Sai: Nur durch intensives Üben! Du liest so viel. Du mußt nicht alles, was du liest, ausprobieren. Übe dich in ein oder zwei Dingen, dann werden sie wirklich für dich. Im Krankenhaus mußt du nicht jede Medizin einnehmen, die es dort gibt, sondern nur die, welche deine Krankheit heilt. Konzentriere dich auf eine spirituelle Übung und praktiziere diese ernsthaft. Nimm nur diese eine Medizin und befasse dich nicht mit all den anderen Dingen. Zuviel Bücherwissen führt nur zu Verwirrung. Es entstehen Zweifel, was wohl dies oder das bedeuten mag, und damit vergeudest du zu viel Zeit.

H: Welche Medizin verschreibt mir der göttliche Arzt?

Sai: Meditation. Meditation führt zur Herrschaft über die Sinne. *Yoga* trägt zur Körperbeherrschung bei. Wenn der Geist zur Ruhe kommt, stellt sich Konzentration von selbst ein. Wenn du diese Konzentration hast, wirst du inneren Frieden finden. – Ende des Interviews

3.

H: Swami sagt: "Es ist Gott, der alles tut und nicht du." Aber jedermann ist der Ansicht, daß der Mensch für seine Handlungen verantwortlich ist.

Sai: Du bist Gott. Doch solange ihr im Menschlichen verhaftet seid, können solche Gedanken aufkommen.

H: "Solange ihr im Menschlichen verhaftet seid?" Bedeutet das, daß "Mensch sein" ein Akt unseres eigenen Willens ist?

Sai: Nicht ein Akt des Willens, nur ein Zustand der Verwirrung, eine Illusion. Ihr kommt mit Zweifeln hierher. Swami weiß das, deshalb gibt Er euch die Gelegenheit, Fragen zu stellen. Wenn ein Weiser zu Mir kommt, einer der die direkte Gotteserfahrung hat, dann fragt Swami nicht nach seinen Zweifeln. Die Tatsache, daß ihr Fragen habt, ist der Beweis dafür, daß ihr euch auf der weltlichen Ebene befindet. Babas Antworten richten sich nach der Entwicklungsstufe des Besuchers. Ein Schullehrer mag ein anerkannter Kenner der *Veden* sein, wenn er aber einem Kind das Lesen beibringt, kann er nur sagen: "Dieser Buchstabe ist A, dieser Buchstabe ist B" und so weiter. Eine Mutter mag das jüngste Kind stillen, ein anderes mit Brei füttern, den Koch beauftragen, einem weiteren Kind das Essen vorzusetzen und vom ältesten verlangen, daß es sich das Essen selbst zubereitet. Obwohl sie jedes Kind verschieden behandeln mag, hat sie doch alle gleich lieb. Es gibt Menschen auf vier verschiedenen Stufen, und Gott hilft jedem auf die ihm angemessene Weise. Da sind erstens jene, die sich Sorgen machen, zweitens solche, die sich materielles Glück ersehnen, drittens jene, die auf der Suche nach der Wahrheit sind und viertens die Weisen. Euer augenblicklicher Zustand ist eine Mischung aus Bewußtsein und Unterbewußtsein. Deshalb seid ihr verwirrt und voller Zweifel. Im unbewußten Zustand gibt es keine Eindrücke; im Überbewußtsein gibt es keine Zweifel, da herrscht Klarheit. In diesem Zustand gibt es weder den Körper noch einen Denkprozeß, obwohl geistiges Schauen noch möglich ist. Darüber hinaus gibt es noch eine andere Bewußtseinsstufe: das Gottbewußtsein, in dem Gott allein ist. Im weltlich orientierten Bewußtseinszustand gibt es diese drei: Geber, Gabe und Empfänger. Im Überbewußtsein besteht noch eine winzige Spur von Dualismus, nämlich Geber und Empfänger. Im Gottbewußtsein gibt es nur den Geber. Alles andere, außer dem Einen, ist nicht wirklich, nicht einmal täglich praktiziertes spirituelles Leben *(sādhana)*. Hier mag der Zweifel aufkommen: Wie kann es, wenn es unwirklich ist, etwas anderes als Unwirkliches zur Folge haben? Das verhält sich so: Ein Traum ist nicht wirklich wahr, aber er kann so eindrucksvoll, so schrecklich sein, daß man davon aufwacht. Ähnlich ist es mit spirituellen Übungen *(sādhana)*. Diese müssen, um so wirkungsvoll zu sein, daß man dadurch zur Wirklichkeit erwacht, zum überbewußten Zustand führen, in dem sowohl Körper wie Geist transzendiert werden. Dieses Bewußtsein offenbart dann die Wahrheit (d.h., es läßt die Wirklichkeit erkennen. Anm.d. Übers.).

H: Man hört von verschiedenen Pfaden, die zur Selbstverwirklichung führen. Was bedeutet das?

Sai: Es gibt drei Pfade. Der erste ist der der Hingabe. Der *Guru* führt, und man überläßt alles Ihm. Der zweite besteht in der Erkenntnis, daß Gott allgegenwärtig ist. Die Zukunft wird eins mit der Gegenwart, und die Vergangenheit löst sich von der Gegenwart. Gott ist allgegenwärtig, deshalb ist Gott die Gegenwart. Das ist höheres Wissen. Der dritte ist das Aufgehen in Gott. Das bedeutet aber nicht nur, alles Tun in Seinem Namen zu verrichten. Aufgehen in Gott bedeutet, das ganze Universum als Seinen Körper zu erkennen, so daß der Handelnde, die Handlung und der Gegenstand des Handelns in Gott zu einer Einheit werden. Das kann nicht erzwungen werden; es kommt ganz von selbst. Glaube ist die Grundlage, Einswerden mit Gott das Höchste.

H: Welcher von den vielen Wegen zur Selbstverwirklichung ist der kürzeste?

Sai: Der kürzeste Weg ist dieser: Der Name Gottes ist der Samen; Liebe ist das Wasser, das die Feldfrucht wachsen läßt; Disziplin ist der Zaun, der die wachsende Frucht schützt. Das Feld, auf dem die Früchte wachsen, ist das spirituelle Herz. Die Frucht, die zur Zeit der Ernte eingebracht wird, ist Glückseligkeit.

H: Warum soll man nach Selbstverwirklichung streben, wenn man sich doch seiner selbst bewußt ist?

Sai: Bis jetzt wird euer Denken von einer Mischung der Eindrücke, welche die Sinne vermitteln, beeinflußt. Der Geist ist nicht ausschließlich auf das Eine ausgerichtet.

H: Swami, ein Flugzeug braucht Zeit, um Indien zu erreichen, aber warum braucht man Zeit, um Selbstverwirklichung zu erlangen? Ist ein augenblickliches Erwachen ohne einen Zeitablauf möglich?

Sai: Ein plötzliches Erwachen? Ja, das ist möglich. Wenn der Glaube tief und unerschütterlich ist, wird die Gnade augenblicklich in vollem Umfang wirksam – gerade so wie Schuß und Knall gleichzeitig erfolgen.

H: Aber Swami, man denkt doch, man habe diesen Glauben. Das muß wohl eine Selbsttäuschung sein.

Sai: Solange man denkt, daß man einen Glauben hat, hat man ihn nicht, und solange man sich bewußt ist, daß man meditiert, meditiert man nicht. Nur wenn sich der meditative Zustand den ganzen Tag über von selbst einstellt, kann man von Meditation sprechen. Fester Glaube wird durch spirituelle Übungen *(sādhana)* erworben, ebenso wie man Bombay in vielen Flugstunden erreicht.

H: Ich habe den Eindruck, daß die Bedeutung von *"sādhana"* falsch ausgelegt wird, denn man versteht es als bewußtes Bemühen, dessen Ziel eine Belohnung ist. Ich glaube, daß wirkliches spirituelles Bemühen *(sādhana)* spontan sein muß. Das heißt, wenn man Gott ganz natürlich liebt, dann kann man gar nicht anders, als Ihn zu lieben und nach Ihm zu forschen.

Sai: Es ist wie du sagst, aber du hast diese unmittelbare Liebe zu Gott noch nicht erfahren. Es ist vorläufig nur eine Idee. Du bist überzeugt, daß die Liebe zu Gott ganz natürlich in dir existiert. Diese Überzeugung ist das Ergebnis spiritueller Übungen in vielen Erdenleben.

Besucher: Welches ist die richtige spirituelle Praxis (*sādhana*) für Ältere, die sich zur Ruhe gesetzt haben?

Sai: Meditation am Morgen und am Abend. Verbringt die Tage mit guten Werken.

Besucher: Welches ist die angemessene spirituelle Praxis *(sādhana)* für Frauen?

Sai: Die Pflicht der Frau besteht in der Sorge für Haus, Kinder und Ehemann. Sie ist sehr beschäftigt. Sie kann am Morgen und am Abend meditieren. Alle Arbeit, die sie bisher für andere getan hat, soll sie von nun an als Gottesdienst tun. Das ist das beste *"sādhana"* für Frauen.

4.

H: Im Taxi heute morgen, auf der Fahrt vom Flughafen, erlebte sogar der Fahrer Swamis göttliches Wirken *(līlā)* auf wunderbare Weise. Und die Flughafenbeamten in Bombay erzählten andere unglaubliche Geschichten von dem, was sich bei ihnen zu Hause ereignet.

Sai: *"Līlās"* treten überall in Indien bei Millionen von Familien in ihren Heimen auf. Swami hält Seine Hand darauf, so daß diese Vorfälle nicht allgemein bekannt werden. Die Verantwortlichen, die das Land regieren, wissen es, aber sie bewahren Stillschweigen. Wenn die Tatsachen bekannt würden, würden sich Millionen von Menschen um Swami scharen. Die Regierung würde Ihn mit Sicherheitsbeamten abschirmen, und niemand könnte Ihm mehr nahe kommen. Die Zeit ist noch nicht reif dafür.

H: Wenn sich in der Zukunft Millionen um Swami drängen werden, wird es für uns dann keine Möglichkeit mehr geben, Ihm so nahe zu sein wie jetzt?

Sai: Keineswegs. Wer sich Babas Wohlgefallen verdient, mag trotzdem zu Ihm kommen. Das hängt von Babas Willen ab.

H: Es sind verhältnismäßig wenige, die das Glück haben, Swami zu sehen, und die es zu würdigen wissen, daß Gott für uns sichtbar geworden ist.

Sai: Man sieht ein Flugzeug am Himmel. Man kann den Piloten nicht sehen, aber man weiß, daß da ein Pilot ist. Um ihn zu sehen, muß man einen Flugschein kaufen. Das Universum hat auch einen Piloten, es ist Gott. Der Flugschein, mit dem man Ihn sehen kann, ist Seine Gnade. Diese kann durch spirituelle Übungen *(sādhana)* verschiedener Art gewonnen werden. Die Grundlage ist Liebe. Die Wirklichkeit eines spirituellen Lebens ist Liebe. Ohne Liebe sind alle Bemühungen *(sādhana)* wertlos. Um Gottes Gnade zu gewinnen, braucht man Glauben. Ohne Liebe gibt es keinen Glauben. Diese Liebe wohnt im Herzen, dem sie spontan entspringt. Liebe ist Gott. Die Liebe, die das Herz erfüllt, ist Swami, der im Herzen wohnt.

H: Was ist hundertprozentiger Glaube an Gott?

Sai: Hundertprozentiger Glaube entspringt dem göttlichen Funken im Herzen *(ātman)*. Vollkommener Glaube ist unerschütterlich. Auch in Leid und Schmerz geht er nicht verloren. Das Leben kann mit der Milch verglichen werden. Das Fett sind die guten Neigungen und das Wasser die schlechten. In der Molke ist kein Fett. Butter enthält noch etwas Wasser – das Gute und etwas Schlechtes. Wenn Butter erhitzt wird, verbreitet sie ab und zu einen unangenehmen Geruch. Das sind die Unreinheiten, die ausgekocht werden. Bewahrt aber euren Glauben während dieser Zeit. Nach einer Weile bleibt das reine Fett – die Weisheit – übrig. Die Frucht der Weisheit ist Freiheit.

5.

H: Swami, hier ist etwas passiert. Der Karton steht im Wasser, und die Saris darin werden naß! (Swami nahm den Deckel des Kartons ab und diejenigen von uns, die nahe genug standen, konnten sehen, daß die Saris am Rande naß waren. Der Vorfall ereignete sich im Dharma-Kshetra Gebäude in Bombay. Der Karton stand auf einem Tisch und enthielt vier Saris. Swami hatte sechsundneunzig Saris für die Verteilung an Helferinnen ausgesucht. Von den hundert Saris, die man Ihm zur Auswahl vorgelegt hatte, waren vier in den Karton zurückgelegt worden. Sie sollten später dem Händler zurückgegeben werden. In der Nähe des Tisches war nichts, von dem das Wasser hätte kommen können. Seit dem Augenblick, in dem Swami damit begonnen hatte, die Saris einen nach dem anderen zu überprüfen und zu verteilen, hatten Hislop, mehrere andere Männer und Swami den Karton mit den Saris nicht allein gelassen.)

Sai: Die Saris weinen, weil Swami sie abgelehnt hat. Ich werde sie nun doch nehmen.

H: Swami! Wie ist das möglich? Sagt Swami damit, daß leblose Dinge sich verletzt fühlen und weinen können?

Sai: Leblose Dinge können auch Freude und Traurigkeit empfinden. Als die Affen die Brücke nach Lanka bauten, damit der *Avatar Rāma* in *Rāvanas* Königreich, in dem *Sītā* gefangengehalten wurde, einmarschieren konnte, wurde ein letzter Berggipfel zur Brückenbaustelle getragen. Aber es war zu spät, man brauchte ihn nicht mehr. Das machte den Berg so traurig, daß er aus Kummer Tränen vergoß. Diese Tatsache wurde *Rāma* sofort berichtet. Sein Mitgefühl war groß, und Er ließ dem Berg mitteilen, er solle nicht länger bekümmert sein, denn Er würde ihn sicher zu einem späteren Zeitpunkt gebrauchen. Als Gott in der Gestalt *Krishnas* auf die Erde gekommen war, hob der Knabe *Krishna* diesen selben Berggipfel, den Govardhana Berg, mit einem Finger hoch über die Kuhhirten von Gokul, um sie vor den Fluten zu schützen, die *Indras* Regen verursachte.

H: Swami! Das große Drama von *Rāma* und *Krishna* und dem Berggipfel hat sich an diesem Tag hier in Bombay vor unseren Augen wiederholt. Diese Saris wurden hergebracht und wurden nicht gebraucht. Sie vergossen Tränen vor Traurigkeit. In Seinem Mitgefühl ließ Swami sich erweichen, die Saris doch zu nehmen, wenn auch nicht für den eigentlichen Zweck als Geschenk für die Helferinnen. (Frau Hislop und drei andere Damen erhielten die zuerst zurückgewiesenen Saris.) Es ist dasselbe uralte Drama, das sich heute hier wieder abgespielt hat.

Sai: Ja, und es ist auch derselbe *Rāma* und derselbe *Krishna*, der an diesem Tage hier ist.

6.

Besucher: Wenn man sich in einem Spiegel sieht und sich von ihm entfernt, dann wird das Spiegelbild kleiner und kleiner. Ich sitze hier und sehe Hislop. Je weiter ich mich entferne, desto kleiner wird Hislop. Aber Hislop ist nicht kleiner geworden, er hat sich nicht verändert. Es kann daher nicht Hislop sein, den ich sehe. Aber Hislop ist ohne Zweifel hier. Was ist es dann, was ich gesehen habe, als ich glaubte, Hislop zu sehen? Und wenn Hislop nicht das ist, was ich sehe, was ist dann Hislop? Sehe ich irgendwie ein Spiegelbild Hislops?

Sai: Es ist tatsächlich so, daß du nicht Hislop siehst, sondern nur sein Erscheinungsbild, das diese besonderen Formen und Eigenschaften hat. Was ist dann Hislop?

Hislop ist Gott! Das Bild, die Form, ist nicht Gott, aber alle Formen zusammengenommen, die Summe aller Formen, kann als Gott angesehen werden. Gott ist die Wirklichkeit hinter der Form. Die Welt existiert, aber die Wirklichkeit wird nicht gesehen. Die Wirklichkeit ist Gott. Man kann jedoch die Wirklichkeit, daß Gott die Wahrheit hinter jeder Form ist, erkennen. Wenn diese Erkenntnis einmal gewonnen ist, geht sie niemals mehr verloren. Obwohl man die Formen sieht, ist man sich dann immer der Wahrheit der Wirklichkeit bewußt.

Besucher: Ich habe eine Erfahrung gemacht. Die Schriften nennen es reines Bewußtsein, Bewußtsein ohne Objekt *(nirvikalpasamādhi)*. Nachdem ich diesen Bewußtseinszustand erfahren hatte, verlor ich ihn wieder. Kann man irgendetwas tun, um diesen Verlust zu vermeiden?

Sai: Es verhält sich folgendermaßen: Das Wasser, das als Regen niederfällt, ist rein, aber wenn es den Boden erreicht, wird es verunreinigt. Durch bestimmte Verfahren kann es gereinigt werden, aber diese Reinheit kann nicht mit der des Regenwassers verglichen werden. In gleicher Weise verlierst du den Zustand des reinen Bewußtseins, wenn die Pflicht dich zur Arbeit ruft. Spirituelle Übungen *(sādhana)* können das Bewußtsein im täglichen Leben läutern, aber dieses geläuterte Leben ist nicht dasselbe wie reines Bewußtsein *(nirvikalpasamādhi)*.

Besucher: Soll ich meine Arbeit aufgeben?

Sai: Nein, gehe deiner Arbeit nach, nicht für den Arbeitgeber, sondern für Gott.

Besucher: Ich werde versuchen, diese Lehre nach meiner Rückkehr zu Hause und bei der Arbeit anzuwenden.

7.

(Eine Gruppe von Bauern, von denen Swami ein an das College angrenzendes Stück Land gekauft hatte, kam mit einem Beutel, um das Geld darin zu verstauen. Aber Swami gab ihnen sechsmal so viel Geld, wie für den Kauf vereinbart war. Das viele Geld war ein so dickes Paket, daß es nicht in den mitgebrachten Beutel hineinging. Die Bauern konnten nicht verstehen, warum sie so viel Geld erhielten.)

Bauer: Herr, wie können wir soviel Geld annehmen? Nimm es bitte zurück.

Sai: Nein, mit diesem Geld sollt ihr ein Geschäft aufmachen. Wie könnt ihr euch sonst ernähren – jetzt, da euer Land verkauft ist. Jedermann sollte arbeiten und seinen Lebensunterhalt verdienen.

8.

Sai: Der 10 Rupien Schein sagt dir, daß er durch viele Hände gegangen ist, und er wird noch durch viele Hände gehen. Du bekommst Geld, aber du behältst es nicht. Moral dagegen wird erworben und bleibt dein eigen. Geld kommt und geht, Moral kommt und besteht. Viele Leute mißbrauchen Geld leichtfertig für minderwertiges Vergnügen und für eigennützige Zwecke. Wenn sich aber die Gelegenheit bietet, Geld für einen guten Zweck auszugeben, werden sie auf einmal sehr zurückhaltend und bringen viele Einwände vor.

9.

H: Swami, auf der Straße nach Simla fuhren die Fahrer sehr rücksichtslos, um dicht hinter Swamis Auto zu bleiben. Einmal mußte unser Fahrer bei hoher Geschwindigkeit scharf ausweichen, um einen Zusammenstoß mit einem anderen Auto zu vermeiden. Dabei hätte er beinahe einen Polizisten überfahren, der am Straßenrand stand. Es schien, als ob mangels Raum und Zeit ein Unfall unvermeidlich wäre. In der letzten Sekunde jedoch streifte das Auto nur die Uniform des Polizisten, und er blieb unverletzt. Sicher ist es Swami, der die Autos derer fährt, die Ihn lieben, ist es nicht so?

Sai: Nein, der Fahrer hat die Verantwortung. Er muß vorsichtig fahren. Swami greift nur im Falle eines drohenden Unfalls ein.

H: Warum führt Swami Hochzeitszeremonien für ältere Leute durch, die längst verheiratet sind?

Sai: In Indien ist es Sitte, mit sechzig Jahren eine zweite Hochzeit zu feiern, als Erneuerung der Ehe und Überleitung zu einem Leben, das nur auf Gott ausgerichtet ist und das Sinnliche außer acht läßt. Vor dem sechzigsten Lebensjahr ist ein Ehepaar berechtigt, sinnliche Freuden zu genießen. Auch das siebzigste Jahr hat eine besondere Bedeutung. Es gibt sieben große *Rischis*, auf deren spirituelle Ebene sich ein siebzigjähriger Mensch erheben muß. Es gibt acht Gottheiten, die die Himmelsrichtungen regieren, und denen sollte man mit achtzig gleichen. Mit neunzig sollte man mit neun besonderen Planeten eins werden und mit hundert die fünf Sinne und Körperfunktionen beherrschen und in Gott eingehen. Die fünf Körperfunktionen sind: Sprechen, Greifen, Gehen, Essen und Ausscheiden. Die fünf Sinne sind: Gehör, Gefühl, Gesicht, Geschmack und Geruch.

Ein indischer Besucher: Haben diese Hindu-Rituale einen Wert?

Sai: Wir müssen dankbar sein. Dies muß zur richtigen Zeit ausgedrückt werden und zwar auf eine Weise, die es möglich macht, diesen Dank weiterzugeben. Wir schulden Eltern, *Guru*, Gott, der Natur und den Weisen unsere Dankbarkeit. Wenn ein Brief richtig adressiert ist, wird er den Bestimmungsort erreichen, und man braucht weder zu wissen noch sich darum zu kümmern, welche Stationen er auf dem Transport durchläuft. Beim Tod der Eltern stirbt nur der Körper, das Selbst *(ātman)* erfährt keine Veränderung. Der *"mantra"*, der bei den Trauerfeierlichkeiten rezitiert wird, versieht den Ausdruck der Dankbarkeit mit der richtigen Adresse. *"Mantras"* sind sehr wirkungsvoll, und in alten Zeiten hat man sich auf sie verlassen. Heutzutage verläßt man sich auf Maschinen. Die Experten auf dem Gebiet der *"mantras"* wurden "Heilige" genannt, die Experten auf dem Gebiet der Maschinen sind die "Wissenschaftler".

(Ein anwesender Wissenschaftler erhob Zweifel an dem, was Swami über die Wissenschaft sagte.)

Sai: Die Wissenschaft ist äußerst unvollkommen und beeinflußt die Natur, obwohl sie die Dinge nur durch den Schleier der Täuschung *(māyā)* sieht. Das ist höchst gefährlich. Die Wissenschaft kennt nicht einmal die wahren Zusammenhänge in der Chemie und Physik. Ungefähr alle zehn Jahre wird das, was für gültig erklärt wurde, verworfen und aufgrund neuer Forschungsergebnisse geändert. Wenn also jemand die Wissenschaft mit Babas spiritueller Welt vergleicht, dann stellt er die Wissenschaft, deren endgültige Ergebnisse er nicht kennt, der spirituellen Wahrheit gegenüber, von der er ebenfalls nichts weiß. Wissenschaftliche Erkenntnis wird durch die Sinne vermittelt, spirituelle Erkenntnis transzendiert die Sinne. Die

Wissenschaft weiß nicht einmal, daß in der Sonne große Hohlräume sind, durch die Winde brausen, um die Temperatur zu regulieren. Wissenschaft besteht aus Treffern und Nieten. Um die Wirklichkeit zu erkennen, muß man das vollkommene, alles umfassende Wissen Babas haben.

H: Gibt es eine zuverlässige englische Übersetzung der *Veden*?

Sai: Die *Veden* bestehen aus bestimmten grundlegenden Lauten und ihren Variationen. Die geringste Veränderung der Laute verändert die Bedeutung dessen, was gesagt wurde. Keine geschriebene Sprache kann alle vedischen Laute wiedergeben. Viele der Worte kann man unmöglich schreiben. Die *Veden* sind der Atem Gottes und können nur von Mund zu Mund weitergegeben werden. In ganz Indien gibt es nur eine Handvoll Menschen, welche die *Veden* korrekt rezitieren können. In den letzten Jahren hat man versucht, die *Veden* niederzuschreiben und zu drucken. Das sind nutzlose Bemühungen.

10.

Sai: Das Universum ist eine Kugel. Die Erde und alle Wesen sind als kleinere Kugeln darin enthalten. Das ganze Universum ruht in Babas Hand.

11.

Sai: Vergeßt die Welt, gebt die Bindung an euer “Ich“ auf, kommt zu Gott. Die Wiederholung des Namen Gottes ist die wirkungsvollste aller spirituellen Übungen *(sādhana)*. Gute Werke *(karma)* sind das Nächstbeste. Aber auch die Liebe zu Gott allein, ohne spirituelle Übungen, ist genug. Wer Gott liebt, braucht keinen bestimmten Vorschriften zu folgen. Liebe zu Gott genügt.

12.

H: Warum errichtet Baba normale und nicht religiöse Schulen?

Sai: Religiöse Schulen würden nur von religiös Gesinnten besucht werden. Babas Aufgabe ist es aber, die breite Öffentlichkeit zur Frömmigkeit und zum spirituellen Leben zu führen. Ein Teil von Babas Aufgabe ist es, das Erziehungssystem zu reformieren. Er wäre nicht gekommen, wenn das nicht möglich wäre. Da Er gekommen ist, wird die Aufgabe erfüllt werden, wenn auch nicht so schnell, wie die ungeduldigen Menschen es gerne sehen würden. Ein groß angelegter Fernseh-Werbefeldzug würde schnell eine Veränderung herbeiführen, die aber nur vorübergehend wäre. Gott sieht die Dinge anders als die Menschen. Er weiß, daß "startet zeitig, fahrt vorsichtig, kommt sicher ans Ziel" der richtige Weg ist. Babas Methode, Veränderungen herbeizuführen, wie z.B. das Errichten Seiner Schulen, mag langsam sein, aber sie ist wirksam.

H: Was müssen wir tun, um den Charakter und das Verhalten der Jugend zu korrigieren?

Sai: Ein Kind muß nach der Kerze greifen, bis es sich einmal verbrannt hat. Junge Leute sind ungeduldig und erwarten unmittelbare Ergebnisse. Gestern war hier z.B. eine Hochzeit. Der Mann wollte sofort einen Sohn haben. Er wollte nicht einmal neun Monate warten! Wenn ein (sogenannter) *Guru* erscheint, scharen sich die jungen Leute um ihn und erhoffen sich schnelle Selbstverwirklichung. Nachdem sie aber einmal enttäuscht wurden, wenden sie sich ab und werden durch diese Erfahrung vorsichtig und geduldig. Dazu eine kleine Geschichte: Ein junger Mann, Sohn sehr armer Eltern, machte mit Ach und Krach sein Abitur. Die Eltern waren sehr stolz und sagten: "Jetzt werden wir eine Frau für dich suchen." Daraufhin sagte der Sohn: "Ich nehme aber nur eine Frau, die auch das Abitur hat, so wie ich." Die Mutter antwortete: "Wir können uns keine Hilfe für eine Frau leisten, die morgens erst um neun Uhr aufsteht. Wir brauchen eine Frau, die im Haushalt mitarbeitet." Der Sohn erwiderte: "Es sind meine Bedürfnisse, auf die es ankommt, nicht die euren. Wenn ihr nicht damit einverstanden seid, ziehe ich aus." Die Eltern gaben nach und fanden eine Frau, die seinen Wünschen entsprach. Der junge Mann sagte zu seinen Freunden: "Jetzt bin ich restlos glücklich." Drei Tage später bat er seine Frau: "Liebling, würdest du bitte aufstehen und den Kaffee für mich kochen?" Sie antwortete: "Liebling, ich habe ebenso wie du das Abitur gemacht. Bitte stehe du auf und mache das

Frühstück für mich." Jetzt erklärte der junge Mann, daß er bitter enttäuscht, überaus unglücklich und verzweifelt sei. Dieses Verhalten ist typisch für die Jugend, denn sie hat nicht gelernt, die Eltern zu achten und zu ehren. Ihr Verhalten in spiritueller Hinsicht ist ähnlich. Das spirituelle Licht kann nicht leuchten, bevor das Herz nicht geläutert ist. Diese Läuterung bedeutet stilles Forschen und das Vermögen, zwischen falsch und richtig zu unterscheiden. Nachdem das Herz geläutert ist, mögen äußerliche Übungen, die dem spirituellen Fortschritt dienen, einigen Wert haben.

H: Die jungen Leute von heute sagen, sie könnten ihre Eltern nicht respektieren, weil sie deren Handlungen nicht billigen.

Sai: Die Jugend sieht die Probleme der Eltern nicht. Wie sehr die Eltern auch im Unrecht sein mögen, sie wollen immer nur das Beste für ihre Kinder. Das zumindest sollten die Kinder anerkennen und außerdem daran denken, wieviele Opfer die Eltern gebracht und wieviel Liebe und Mühe sie aufgewandt haben, um sie großzuziehen und ihnen eine Chance im Leben zu geben. Diese Tatsachen müssen anerkannt und gewürdigt werden, gleichgültig, wieviele Fehler die Eltern haben mögen. Nur wer seine Eltern respektiert, wird von seinen Kindern respektiert werden. Das ist ein klarer Fall von Ursache und Wirkung.

H: Swami, wenn die Eltern etwas verlangen und der *Guru* sagt etwas anderes, welchem Befehl haben die Kinder zu folgen?

Sai: Die Eltern, die den Körper gegeben haben, kommen vor Gott.

H: Die Eltern kommen vor Gott? Das ist eine Überraschung!

Sai: Das gilt für die Menschen im weltlichen Alltag. Für junge Menschen, die ein rein spirituelles Leben führen, kommt Gott an erster Stelle.

H: Swami, diese jungen Studenten, die Swamis Schulen hier besuchen, erhalten eine erstklassige Ausbildung, was die Prüfungsergebnisse beweisen. Sie entwickeln auch einen starken Charakter. Werden diese Studenten einst die Führer Indiens sein? Wird ihre gute Ausbildung sie in hohe Stellungen gelangen lassen und ihr starker Charakter ihnen dann zugute kommen?

Sai: Das ist der Zweck von Swamis Schulen.

H: Dann können wir in zwanzig bis dreißig Jahren eine große Veränderung in Indien erwarten.

Sai: In zwanzig Jahren? In zehn Jahren!

H: Aber Swami, in zehn Jahren werden sie Ende zwanzig sein, und im allgemeinen kommt man in den späten Dreißigern und mit vierzig oder fünfzig Jahren in einflußreiche Stellungen.

Sai: In Indien kann man schon in jüngeren Jahren Macht und Einfluß ausüben. Dafür gibt es auch jetzt überall im Lande Beispiele.

H: Sind sich diese Studenten ihrer Bestimmung und der großen Verantwortung, die sie der Welt gegenüber haben, bewußt?

Sai: Die Studenten sagen, sie seien bereit, auch später, als Erwachsene, Sais Willen auszuführen. In allen Bereichen der indischen Gesellschaft entstehen neue Führungspositionen, und diese jungen Leute werden sie einnehmen. Wo immer sie hingehen, werden sie die Gesellschaft zum Besseren beeinflussen und verändern. Korruption und ähnliche Probleme werden stark zurückgehen. Ihr Einfluß wird sich zwangsläufig bemerkbar machen. Heute haben z.B. achtzig Prozent der Eltern der Studenten ihr Leben geändert, weil sie den Einfluß von Sai auf den Charakter ihrer Kinder wahrgenommen haben. Die Eltern sind zufrieden. Sie sagen, daß sie sich nicht einmischen werden und daß ihre Kinder der Führung Sais folgen sollen.

Sai (indem Er auf einen jungen Studenten aus Hongkong zeigt): Dieser Junge wird morgen einen Vortrag halten. (Einige Studenten hatten sich an der Tür von Swamis Zimmer versammelt, während Er Sein Abendessen einnahm.)

H: (zu dem Studenten): Hast du dich auf deine Rede vorbereitet?

Student: Swami ist meine Stimme. Was Er sagt, wird sich in meinem Munde zu Worten formen und gesagt werden.

H: Bedeutet das, daß du dich überhaupt nicht auf den Vortrag vorbereitest? Du mußt doch zumindest eine Idee haben, wie du anfangen willst. Sage mir, worüber du sprechen wirst.

Student: Ich mache keine Pläne. Sai, der in meinem Herzen wohnt, ruft die Gedanken hervor, die dann in das Bewußtsein treten. Er ist Gott, und es gibt nichts, was Er nicht ist.

Sai (zu dem Studenten): Sprich jetzt.

Student: Swamis Wesen ist reine Schönheit. Seine Augen ermahnen mich, auf meine Gedanken, Worte, Taten und auf mein Herz zu achten. Sein Lächeln ist wie eine Rose, deren Duft den Garten meines Lebens erfüllt.

Sai (zu dem Studenten): Woher weißt du, daß Swami Gott ist?

Student: (schweigt).

Sai (zu Hislop): Nun, stelle ihm einige Fragen.

H: Wie kann man wissen, daß Swami Gott ist? Das ist nicht ganz klar.

Student: Swami gibt einem die Kraft, Ihn zu erkennen.

H: Wie meinst du das?

Student: Wenn durch Disziplin, Frömmigkeit und Pflichterfüllung die drei Grundeigenschaften *(guna)*: Reinheit *(sattva)*, Tatendrang *(rajas)* und Trägheit *(tamas)* ins Gleichgewicht gebracht werden, so daß die Person ausgeglichen ist, dann findet sie Swamis Wohlgefallen, und Er gibt ihr die Kraft zu erkennen, daß Er Gott ist.

H: Wann findet das statt, in jungen Jahren oder später?

Student: Das Alter spielt keine Rolle. Die Ausgewogenheit des Charakters ist entscheidend, und diese wird durch Pflichterfüllung, Frömmigkeit und Disziplin erworben.

H: Was ist die Bestimmung des Menschen?

Student: Seine Bestimmung ist zu erkennen, daß er selbst eine Verkörperung Gottes ist.

H: Haben Mädchen dieselbe Bestimmung?

Student: Es mag äußerliche Unterschiede geben, aber ihrem Wesen nach sind beide gleich. Wenn Swami das Mädchen-College in Anatapur besucht, wissen die Jungen hier im *Brindāvan*-College, daß Er allgegenwärtig und – obwohl in Anatapur – gleichzeitig auch hier ist. Sie wissen, daß Er, wenn ihre Liebe zu Ihm stark genug ist, nach *Brindāvan* zurückkommen wird. Bei den Mädchen ist es dasselbe. Sie wissen, daß Swami allgegenwärtig ist, aber daß Er, wenn ihre Hingabe tief genug ist, das College in Anantapur auch in Seiner körperlichen Form besuchen wird.

H: Welche Laufbahn wirst du einschlagen? Was wirst du mit deinem Leben anfangen?

Student: Ich werde tun, was Swami sagt.

H: Du hast keinerlei Pläne, keinen Wunsch, diesen oder jenen Beruf zu ergreifen?

Student: Wenn es soweit ist, wird Swami mich zu der Arbeit führen, die zu tun meine Aufgabe ist. Genauso wie Er die älteren Studenten, die Universitätslaufbahnen eingeschlagen haben, geführt hat.

H: Das ist für weltlich orientierte Menschen ein ungewöhnlicher Gedanke. Überall in der Welt treffen junge Menschen ihre eigene Entscheidung über ihre Laufbahn und verwenden dann ihre ganze Energie darauf, erfolgreich zu sein.

Student: Sie wissen nichts über ihre Zukunft, bis sie einer inneren Eingebung folgen. Vorher wissen sie nichts davon. Dasselbe gilt für Sie.

Bevor Swami Ihnen sagte, Präsident der amerikanischen Sai-Organisation zu werden, wußten Sie nichts davon.

H: Das stimmt. Bevor Swami mir diesen Auftrag gab, hatte ich keine Ahnung davon und wollte es auch gar nicht. Aber du bist so sicher, daß Swami Gott ist. Viele Leute kommen hierher und gehen wieder weg, ohne es zu glauben. Die Verhältnisse und frühere Einflüsse haben sie in eine andere Richtung gelenkt, so daß sie Swami nicht so sehen können wie du. Was ist mit denen?

Student: Manche Bäume wachsen gerade in den Himmel, andere sind durch Wind und Wetter gebeugt und verkümmert. Darauf kommt es nicht an. Alle Menschen – auch wenn sie jetzt nicht dazu fähig sind – werden eines Tages erkennen, daß Swami Gott ist.

H: Wie kannst du das behaupten? Wie wird das geschehen?

Student: Es muß zwangsläufig geschehen. Swami wohnt im Herzen eines jeden Menschen, und die unwiderstehliche Kraft dieser Tatsache wird sich schließlich offenbaren.

H: Du bist so überzeugt davon! Aber du bist ein junger Mensch, der gerade beginnt, das Leben kennenzulernen. Wenn nun ein erwachsener, erfahrener Mann zu dir käme und sagte: "Ich sage dir, Swami ist nur ein Mensch, ein außergewöhnlich intelligenter und mit besonderen Kräften begabter Mensch." Was würdest du antworten?

Student: Swami hat uns gelehrt, uns nicht auf die Erfahrung anderer Menschen, sondern nur auf unsere eigene zu verlassen. Meine Erfahrung ist, daß Swami Gott ist, und Ihre Erfahrung ist nicht die meine.

H: Wenn du in die Welt hinausgehst, wirst du wahrscheinlich heiraten. Welche Beziehung wirst du zu deiner Frau haben?

Student: Ich werde die Frau bekommen, die Swami für mich bestimmt hat. Swami ist mein spiritueller Vater und meine spirituelle Mutter, und im eigentlichen Sinn bin ich durch Ihn geboren. Er ist Gott, und meine Frau ist nichts anderes als Er. Er wohnt auch in ihrem Herzen. Ich werde meine Frau als Mutter, Schwester und Gott ansehen.

H: Nun, ich habe wohl gehört, daß man Mutter und Vater als Gott ansehen muß, aber das ist das erste Mal, daß ich höre, man solle seine Frau als Gott betrachten. Ich glaube, du wirst in dieser Hinsicht einige Schwierigkeiten haben.

Sai (mit Hilfe eines anderen Studenten auf Telugu zu Hislop): Frage ihn, was er tun würde, wenn seine Frau ihm nicht erlaubte, nach *Puttaparthi* zu kommen.

H: Du weißt, daß manche Frauen sich zu starken Persönlichkeiten entwickeln und die Herrschaft in der Familie übernehmen. Nimm an, solch eine Frau sagt zu dir: "Du wirst nicht nach *Puttaparthi* gehen!"

Student: Das würde mir nichts ausmachen. Man muß wissen, daß ein geschliffener Diamant viele Facetten hat. Die größte, mit der stärksten Leuchtkraft ist Gott. Aber jede kleinere Facette ist Teil desselben Diamanten. Meine Frau, die eine kleinere Facette des Diamanten ist, ist auch Gott. Und mein Zuhause ist *Puttaparthi*. Ich würde deshalb mit meinem *Puttaparthi*, in dem Gott regiert, zufrieden sein.

H: Du sagst, Gott ist der Diamant, und der Glanz der größten Facette repräsentiert Ihn. Angenommen, Swami sagt: "Komm nach *Puttaparthi*", und deine Frau sagt: "Geh nicht"?

Student: Ich muß Gott gehorchen und nicht meiner Frau als Person. Ich würde daher nach *Puttaparthi* gehen.

Sai (Hislop beiseite nehmend): Frage ihn: Wenn deine Frau sagte, sie würde dich verlassen, was dann?

H: Die Frau ist eine Persönlichkeit, Swami eine andere. Die Frau hat ihre eigene, unabhängige Anschauung. Du sagst zu ihr: "Ich werde nach *Puttaparthi* gehen, du kannst hierbleiben." Aber die Frau antwortet: "Du wirst mich nicht mehr vorfinden, wenn du zurückkehrst. Ich werde dich verlassen."

Student: Eine solche Frau ist nicht meine Frau. Ich würde nach *Puttaparthi* gehen. Sie mag ihrer eigenen Entscheidung folgen.

Sai: Stelle den Jungens einige Fragen. (Die College-Studenten hatten sich draußen um Sai versammelt.)

H (zu einem Studenten): Was wünschst du dir?

Student: Ich möchte bei Swami sein.

H: Ich meine, wenn du mit der Ausbildung fertig bist und ins Leben gehst.

Student: Ich möchte bei Swami sein.

H: Wer ist Swami?

Student: Er ist Liebe. Er ist Gott.

H: Wo ist Swami?

Student: Er wohnt in meinem Herzen.

H: Wenn Swami in deinem Herzen wohnt, ist Er ja bei dir. Was möchtest du werden: Arzt, Rechtsanwalt, Ministerpräsident?

Student: Ich werde tun, was Swami mir zu tun aufträgt.

H: Wer ist Hislop?

Student: Er ist Swami.

H: Warum sagst du dann nicht: "Ich möchte bei Hislop sein?"

Student: Hislop ist ein kleiner Teil von Swami, während Swami die Fülle Gottes ist.

Sai (lachend): Hislop ist ein großer, schwerer Mann, während Swami klein ist, ungefähr 1,50 m groß.

H: Woher weißt du, daß Swami Gott ist?

Student: Ich sehe, daß Er Gott ist.

H: Du kannst Swamis Körper sehen. Wie siehst du Ihn aber als Gott?

Student: Wir haben das Vertrauen, daß Er Gott ist.

H: Wo ist Gott?

Student: Gott ist überall.

H: Wenn du diesen Baum siehst, was siehst du?

Student: Ich sehe Gott.

H: Wie kommst du zu dem Glauben, daß Gott überall ist?

Student: Zuerst macht man eine kleine Erfahrung mit Swami, und dadurch wächst der Glaube.

Sai: Nein, der Glaube ist zuerst da, dann kommt die Erfahrung. Studenten müssen nicht nur wissen, wie Fragen zu beantworten sind, sondern die Antwort muß in ihrer Lebensführung zum Ausdruck kommen. Dadurch werden sie anderen zum Vorbild. Es ist ganz natürlich für den Menschen, einen Glauben zu haben. Jeder glaubt an sich selbst und hat ein gewisses Selbstvertrauen. Der innerste Kern seines Seins jedoch ist sein göttliches Selbst *(ātman)*. Das ist die Grundlage seines Glaubens an sich selbst. Ein kleines Beispiel: Man erinnert sich nicht an seine Geburt. Die Mutter sagt einem das Datum. Man kann es selbst nicht wissen, aber man glaubt, was die Mutter sagt. Auch der Vater mag bei der Geburt nicht dabei gewesen sein, aber die Mutter gab uns selbst das Leben, deshalb braucht sie niemanden zu fragen. Logisches Denken sagt uns, daß es für das Entstehen des Universums auch einen Ursprung geben muß. Dieser Ursprung ist Gott. Er weiß. Er braucht niemanden zu fragen. Auf dem spirituellen Gebiet, jenseits von Körper und Verstand, gibt es nur den Glauben. Glauben ist das Natürliche für jeden Menschen. Das gleiche gilt für die Liebe. Liebe mag auf verschiedene Dinge und Personen gerichtet sein, aber das Wesentliche ist die Liebe zu Gott. Wenn wir den Baum dort betrachten, sehen wir, daß er viele Äste, Zweige und Blätter hat, aber nur einen gemeinsamen Stamm. Der Stamm wiederum geht aus den Wurzeln hervor. Der Versuch, jedes Blatt und jeden Zweig einzeln zu gießen, würde viel Zeit in Anspruch nehmen, und das Wasser wäre vergeudet. Wenn wir aber alles Wasser den Wurzeln des Baumes zuführen, dann wird jedes Blatt und jeder Zweig auf natürliche Weise die angemessene Menge Feuchtigkeit erhalten.

Heute behaupten die Menschen, ihre Freunde und Verwandten zu lieben, nicht aber Gott. Gott ist der Urgrund aller Lebewesen. Er ist die Wurzel ihres Seins. Es ist das beste, zuerst Gott von ganzem Herzen zu lieben. Dann wird eure Liebe ganz natürlich alle Einzelwesen einschließen.

H: Swami, wenn die Studenten Vorträge halten, dann sagen sie, daß Swami ihnen die Worte eingibt. Kann das stimmen?

Sai: Sai gibt ihnen Selbstvertrauen, und damit kommen die Worte von selbst.

Sai (zu einem der Studenten): Was willst du tun, wenn du dein Studium beendet hast?

Student: Ich will nur eins werden mit Swami.

Sai: Nun, der *Avatar* hat Form angenommen, um die göttliche Ordnung *(dharma)* zu neuem Leben zu erwecken. Er ist hier, ist mit dieser Aufgabe beschäftigt. Was soll all dieses Gerede von Unsterblichkeit und Einswerden? Dein ganzes Leben liegt vor dir. Werde dir zuerst klar darüber, was der Sinn des Lebens ist. Wenn Gott selbst hier ist, um Ordnung *(dharma)* zu schaffen, dann ehrst du Ihn am besten, indem du dich der gleichen Aufgabe widmest. Dann bist du Ihm nahe, dann liebt Er dich, denn du dienst Ihm, Seinen Geschöpfen und dir selbst.

13.

H (in *Prashanti Nilayam*): Swami, was ist dieser Neubau auf der anderen Seite der Hallen?

Sai: Diese Anlage ist eine Ölpresse. Die Bauern der Umgebung können ihre Erdnüsse hierherbringen und das Öl unentgeltlich auspressen.

H: Ich habe gehört, daß Swami in diesen großen Hallen eine Baumwollindustrie für die Dorfbewohner aufbaut, aber von den Bauern habe ich nichts gewußt.

Sai: Die Molkerei hier ist ein Musterbetrieb, der den Bauern Vorbild sein soll. Die Baumwollindustrie ist dazu bestimmt, die Dorfbewohner von ihrer Armut zu befreien, indem man ihnen zeigt, wie man arbeiten und ein Einkommen haben kann.

H: Wozu soll die große Halle neben der neuen Mittelschule dienen, die Swami baut?

Sai: Dort können die Schüler handwerkliche Fertigkeiten erwerben: Maschinenreparatur, Zimmerhandwerk, Elektrotechnik, Klempnerarbeit, Bauhandwerk und so weiter.

H: Werden alle Schulen, die Sai baut, diese Einrichtungen haben?

Sai: Ja. Mädchen lernen Nähen und Hauswirtschaft.

14.

H: Wenn wir Gott um etwas bitten, ist das nicht das gleiche wie betteln?

Sai: Einen Gleichgestellten um etwas zu bitten, erniedrigt dich und erhöht den anderen. Aber Gott zu bitten, erhebt dich auf Seine Ebene. Du mußt Gott bitten. Gott um etwas zu bitten ist vollkommen in Ordnung. Das ist kein Betteln.

H: Aber ich dachte, daß Gott, der doch alle Probleme kennt, wenn es angebracht ist, Abhilfe schaffen würde, ohne darum gebeten zu werden.

Sai: Eine wichtige Antwort: Nein! Es ist deine Pflicht, Gott zu bitten. Die Bitte muß ausgesprochen werden, und die Worte müssen mit den Gedanken übereinstimmen. Der Gedanke muß in die richtigen Worte gefaßt werden. Natürlich weiß Gott alles, aber es ist notwendig, die Bitte zu formulieren. Die Mutter weiß, daß das Kind Nahrung braucht, aber das Kind bekommt die Milch erst, wenn es danach verlangt.

H: Es bestehen Zweifel, wann man Gott bitten soll und wann nicht. Da sind zum Beispiel meine Kopfschmerzen, welche die Ärzte anscheinend nicht heilen können. Ich bitte Swami nicht, sie zu heilen. Ich forme die Bitte nicht zum Gebet. In einem Brief schrieb Swami aber: "Wie steht es mit Deiner Gesundheit? Mache Dir keine Sorgen darüber. Gott ist immer bei Dir, in Dir, Er umgibt Dich!"

Sai: Das ist richtig. Was Baba sagt, ist genug. Du wirst dich immer weniger mit dem Körper identifizieren. Heute hast du Kopfschmerzen, morgen Magenschmerzen. Kümmere dich nicht darum. Du bist nicht der Körper. Wenn Baba dir gesagt hat, daß kein Grund zur Sorge vorhanden ist, brauchst du Ihn nicht um Heilung zu bitten. Identifiziere dich nicht mit dem Körper!

H: Meint Swami, daß für diejenigen, die sich noch vollkommen mit dem Körper identifizieren, ständige Kopfschmerzen der angemessene Gegenstand eines Gebetes sein können?

Sai: Ja, aber dazu braucht man nicht extra zu Swami zu kommen. Darauf solltest du andere aufmerksam machen.

H: Ist es dann wirklich in Ordnung, Gott zu bitten?

Sai: Wenn ein wirkliches Befürfnis besteht, dann sollte Gott um Hilfe gebeten werden. Ein kleines Kind bittet seine Eltern um Pfefferminz-Bonbons, und die Eltern geben sie ihm. Wenn es älter wird, bittet es um wertvollere Dinge und bekommt sie. Es ist richtig, daß es darum bittet und daß die Bitte erfüllt wird. Ein Kind mag hin und wieder einen Fremden um Pfefferminz-Bonbons bitten und erwarten, sie zu bekommen. Aber es würde nie erwarten, größere Geschenke von einem Fremden zu bekommen. Gott gibt oft sehr wertvolle Geschenke. Er fühlt sich auch von einer Vielzahl kleiner Bitten nicht belästigt. Man sollte deshalb Gott immer bitten, wenn ein Bedürfnis besteht. Es ist das Recht des Menschen zu bitten; das hat nichts mit Betteln zu tun.

H: Swami hat gesagt, der Bittsteller erhebt sich durch das Gebet auf die Ebene Gottes. In welchen Zustand sollte man sich für ein solches Gebet versetzen?

Sai: Es ist nicht notwendig, sich in einen besonderen Zustand der Meditation zu versetzen.

H: Im allgemeinen besteht die Vorstellung, daß man sich an einen stillen Platz zurückziehen und die Gedanken zur Ruhe kommen lassen soll, wenn man beten will.

Sai: Wo und wann es auch sein mag: sobald du die Verbindung zu Gott herstellst, ist das der Zustand der Meditation. Du magst um 13 Uhr in Kalifornien denken, es sei nicht die richtige Zeit, Mich anzurufen, weil Ich schlafen könnte und nicht gestört werden sollte. Ich weiß, daß du dir das ein- oder zweimal überlegt hast. Aber Ich bin allgegenwärtig. Ich habe keine derartigen Beschränkungen. Ich schlafe nie. Um Mitternacht lösche Ich das Licht und ruhe im Bett, denn wenn Licht brennt, versammeln sich die Menschen vor Meinem Fenster. Ich brauche keinen Schlaf. Aber du brauchst mindestens vier Stunden Schlaf.

H: Wenn ich auf der Straße inmitten einer Menschenmenge gehe, und meine Gedanken damit beschäftigt sind, was ich alles zu tun habe, ist das der rechte Augenblick für ein Gebet?

Sai: Anfangs mag man bestimmte äußere Verhältnisse brauchen, um sich auf Gott konzentrieren zu können. Aber nach einer Weile, sobald man die Allgegenwart Gottes erkannt hat und Ihn überall wahrnimmt, spielt es keine Rolle, wo man sich aufhält. Dann können jederzeit Gebete an Gott gerichtet werden, und sie werden Ihn erreichen.

H: Swami sagt, Gott sei allgegenwärtig. Welche Bedeutung mißt Swami dem Wort "allgegenwärtig" bei?

Sai: Allgegenwart bedeutet: gleichzeitig-immer-überall.

H: Was ist der richtige Inhalt eines Gebetes für einen Menschen, der keine dringenden materiellen oder weltlichen Befürfnisse hat?

Sai: Innerer Frieden. Er sollte Gott um inneren Frieden bitten.

H: Ich bin überrascht. Ich dachte, Swami hat gesagt, man könne inneren Frieden nur bekommen, wenn man selbst daran arbeitet, Wünsche und Verlangen lozuwerden. Jetzt sagt Swami, daß wir Ihn darum bitten können!

Sai: Wie kannst du je wunschlos werden? Jetzt, in diesem Augenblick bist du bei Swami und hast keine Wünsche. Sobald deine Frau Schmerzen hat, möchtest du, daß es ihr gut geht, und du bittest Swami, sie zu heilen. Jeden Augenblick mag ein Wunsch aufkommen, und wo ist dann dein innerer Frieden? Wenn Gott dagegen deine Bitte erhört und ihre Erfüllung zusagt, muß Er zwangsläufig die Bedürfnisse und Wünsche befriedigen. Zuerst wünschst du dir eine Kette von Baba, am nächsten Tag etwas anderes, z.B. einen Ring. Beides aus Gold. Warum bittest du nicht um das Gold, aus dem dann die gewünschten Dinge hergestellt werden können?

H: Was meint Swami damit, wenn er von einem "Frieden des Geistes" spricht?

Sai: Es besteht da eine kleine Begriffsverwirrung, denn den Geist gibt es als solchen nicht. Der Geist ist ein Gewebe aus Wünschen. Frieden des Geistes bedeutet, keine Wünsche zu haben, und in diesem Zustand ist der "Geist" leer. Er ist gewissermaßen aufgelöst. Das bedeutet Reinheit, vollkommene Reinheit des Bewußtseins. Alle geistigen Übungen bezwecken diese Läuterung des Herzens.

H: Swami, bitte entschuldige diese Frage, aber sie beschäftigt alle: Wird Swami bald nach Amerika kommen?

Sai: Baba wird mit einem Besuch warten, bis eine breitere Basis in Amerika geschaffen ist. Inoffiziell kann Ich jedoch jederzeit kommen. Ihr braucht Mich nur zu rufen, und Ich werde kommen. Swamis Aufgabe ist es, Indien zu erneuern. Diese muß beendet sein, bevor Er gewillt ist, das gleiche in anderen Ländern zu tun. Viele gehen von hier ins Ausland, um sich diesen oder jenen Wunsch zu erfüllen. Baba hat keine Wünsche.

Selbstverständlich kommen auch die Menschen aus dem Ausland zu Swami.

15.

H: Was ist der innerste Kern von Swamis Lehre, und was können wir tun, um ihn zu erkennen?

Sai: Der innerste Kern von Swamis Lehre ist die Liebe. In den Bereich, der zu ihrer Verwirklichung und Erkenntnis führt, gehören spirituelle Übungen wie Meditation, Wiederholung des Namen Gottes, die Gesellschaft guter Menschen, die Abwendung des Geistes von hinderlichen Gedanken und so weiter. Spirituelle Übungen an sich sind wertlos. Das einzige, was in sich selbst einen Wert hat, ist Liebe. Im Umgang mit Menschen sieht Swami das Gute und beachtet das Schlechte nicht, damit das Gute intensiviert wird. Das ist etwa vergleichbar mit jemand, der in einem Laden Zucker kaufen will. Er schaut nur nach dem Zucker und kauft ihn, ohne sich um den Charakter des Ladeninhabers, seine persönlichen Beziehungen zu anderen Leuten, sein Aussehen, seine Größe oder sein Alter usw. zu kümmern. Das Kernstück von Swamis Lehre in bezug auf das Leben in der Welt besteht darin, im anderen nur jene innerste Substanz zu sehen, die göttlich ist und diese zu lieben und sich nicht an seinen anderen Eigenschaften, seinem schlechten Betragen, persönlichen Eigenheiten usw. zu stören. Wenn wir in der Person, mit der wir es zu tun haben, Gott lieben, dann handelt es sich um spirituelle und nicht um weltliche Liebe. Das bedeutet aber nicht, daß man die weltliche Seite der Person, in der man den Herrn sieht, liebt und ihr Fehlverhalten gutheißt, bewundert oder es unterläßt, sie zurechtzuweisen. Das hat nichts damit zu tun, daß man Gott in dieser Person sieht, Ihn liebt und Ihm Beachtung schenkt. Sie muß trotzdem auf ihre Fehler und ihr falsches Verhalten aufmerksam gemacht und deswegen getadelt werden. Das ist keine Lieblosigkeit, denn der ausschlaggebende Faktor ist die Absicht. Wenn in einer Straßenschlacht zwischen Arbeitern ein Mann die Hand eines anderen auch nur ganz leicht mit dem Taschenmesser verletzt, ohne ihm wirklich Schaden zuzufügen, kommt dennoch die Polizei und steckt diesen Mann ins Gefängnis. Ein Chirurg im nahen Krankenhaus jedoch, der mit einem scharfen Messer eine zehn Zentimeter tiefe Öffnung in den

Körper eines Menschen schneidet, um den Blinddarm herauszunehmen, wird für diese Handlung reich belohnt. Der Arzt, der eine Person ernstlich verwundet, erntet Dank, aber der Arbeiter, der die Hand eines anderen leicht verletzt hat, wird zu einer Gefängnisstrafe verurteilt. Es kommt immer auf die Absicht an. Swami hält es manchmal für ratsam, eine Person zu operieren, das heißt, sie zu verwunden, indem Er etwas sagt, was sie verletzt. Er sagt etwas, das die schlechten Eigenschaften der Person enthüllt, anstatt nur ihre guten Seiten hervorzuheben. Aber Swamis Absicht ist, zu helfen und nicht, diesen Patienten zu verletzen oder ihm zu schaden.

(Swami wendet sich an Hislop und sagt direkt zu ihm): Es ist ganz richtig, daß du alle diese Fragen vorbringst und deine Zweifel klärst – du fragst Swami, und Swami gibt die Antworten. Aber das nächste Mal wird Swami der Prüfer sein. Du wirst gefragt werden und mußt die richtigen Antworten im Kopf und im Herzen bereit haben. Jetzt sollte dein Herz von allen Zweifeln befreit werden, so daß Swami es morgen mit etwas Neuem füllen kann. Dann wirst du dich wie neu geboren fühlen – wie man so sagt.

H: Mit all den Fehlern, die man hat, scheint es unmöglich zu sein, anderen zu helfen.

Sai: Viele Menschen glauben, daß sie selbst perfekt sein müssen, bevor sie anderen helfen können, aber das ist nicht der Fall. Wenn man einen Fehler oder eine Schwäche hat, sieht man diese in anderen und kann sie darauf aufmerksam machen. Wenn solche Leute dann sagen: "Bessere dich erst mal selbst, bevor du mir sagst, wie ich mich verhalten soll", dann könnt ihr sagen, daß ihr wißt, wie schmerzhaft die Folgen solchen Betragens sind, und daß ihr hofft, daß dem anderen das erspart bleibt, was ihr selbst durchgemacht habt. Das hilft euch, die Schwierigkeit in euch selbst zu überwinden, und ihr könnt dadurch noch weiteren zehn Leuten helfen. Stellt euch z.B. vor, ein Mann ist barfuß einen mit Dornen übersäten Weg entlang gegangen. Die Dornen sind in seine Füße eingedrungen und verursachen ihm große Schmerzen. Er setzt sich nieder, um sich auszuruhen und sieht, daß andere Leute sich der dornigen Stelle nähern. Sollte er nun die anderen durch die Dornen gehen lassen, so daß sie die gleiche schmerzhafte Erfahrung machen wie er? Das wäre bestimmt keine gute Tat. Er sollte sie durch Zurufe vor den Dornen warnen, damit sie sich einen anderen Weg suchen können. Wenn jemand demütig genug ist, seine Fehler zu erkennen und zuzugeben, dann wird anderen und ihm selbst damit geholfen. Wer aber anderen sagt, wie sie sich benehmen sollen, dabei aber selbst vorgibt, vollkommen zu sein, der begeht eine große Sünde. Damit schadet er nicht einmal so sehr den anderen, sondern vor allen Dingen sich selbst.

16.

Sai: Nur das "Eine" existiert, nicht zwei. Wenn man ein Zweites sieht, dann ist die Illusion *(māyā)* im Spiel.

H: Das Leben erweckt den Eindruck eines Dschungels voller unerwarteter Gefahren.

Sai: Für einen Gläubigen ist *"māyā"* harmlos. Sie ist gefährlich für jemanden, der nicht an Gott glaubt, beschützt aber den Gläubigen vor jedem Schaden. Die Katze trägt ihr Junges im Maul herum. Die Ratte aber wird von der Katze getötet. In beiden Fällen handelt es sich um das gleiche Maul. *"Māyā"* verursacht alle Nöte, beschützt aber gleichzeitig liebevoll den Gläubigen.

H: Dann kann der, der an Gott glaubt, ruhig seiner Arbeit nachgehen, ohne sich Gedanken machen zu müssen, wie er die Illusion *"māyās"* überwinden kann.

Sai: Ja, der Gläubige darf seine Arbeit für Gott verrichten, ohne sich um die Kräfte *"māyās"* zu kümmern. Gott beschützt alle, die an Ihn glauben. Sie sind Gott nah und lieb, und Er führt sie sicher durchs Leben. In den indischen Küchen gibt es eine Zange, die benutzt wird, um Töpfe zu verschieben und wegzunehmen. Sie kann alles erfassen außer den, der sie benutzt. *"Māyā"* ist die Zange, die von Gott gehalten und benutzt wird.

H: Dann hält Gott *"māyā"* in der einen und den Gläubigen in der anderen Hand?

Sai: Zwei Hände sind nicht nötig. Wenn Gott den Gläubigen in der anderen Hand halten würde, könnte die Zange ihn noch erfassen. Deshalb hält Gott beide in einer Hand.

17.

H: Was kann Swami uns über die drei Bewußtseinszustände sagen?

Sai: Es gibt Wachen, Traum und Tiefschlaf. Im Tiefschlaf ist der Geist ausgeschaltet. Alle drei sind dem Wechsel von Vergangenheit, Gegenwart und Zukunft unterworfen. Keiner dieser veränderlichen Zustände stellt die wahre Wirklichkeit dar, denn diese muß in Vergangenheit, Gegenwart und Zukunft unverändert bleiben. Du bist diese Wahrheit, unveränderlich, beständig und unberührt vom Wechsel der Zeit.

H: Swami sagt, das "Ich" beziehe sich auf den Körper. Aber wenn wir an uns selbst denken, sehen wir nicht nur den Körper, sondern auch die Vorspiegelungen des Geistes und seine Neigungen.

Sai: "Körper" bedeutet: das Zusammenspiel aller fünf Sinne und alles, was mit diesen in irgendeiner Verbindung steht.

H: Im Tiefschlaf sind Körper und Geist ausgeschaltet, und man befindet sich im Zustand der Glückseligkeit. Allerdings erinnert man sich daran erst später. Und Erinnerung ist nur ein Gedanke – nichts Wirkliches.

Sai: Der Unterschied zwischen Tiefschlaf und dem meditativen Zustand *(samādhi)* besteht darin, daß man sich in *"samādhi"* dieses Glückszustandes bewußt ist, während man ihn erfährt.

H: Swami sagt, daß man sich in *"samādhi"* des Glückszustandes, zu der Zeit, in der man ihn erfährt, bewußt ist. Wie aber kann eine Person, das Subjekt, sich selbst als glücklich wahrnehmen? Wäre das nicht eine Subjekt-Objekt Beziehung? Da jede Subjekt-Objekt Beziehung unwirklich ist, muß da nicht auch eine solche Erfahrung unwirklich sein? Oder nicht?

Sai: Wenn man in einen Spiegel schaut und sieht Staub auf der Augenbraue, wird man ihn sofort entfernen, obwohl man ihn vorher nicht gesehen hat. Der innere *Guru* ist der Spiegel.

18.

H: Wenn man einmal Zucker gekostet hat, verwechselt man nie mehr Zucker mit Salz. Wenn das Glücksbewußtsein, von dem Swami spricht, unsere wirkliche Natur ist, wie kommt es dann, daß wir das Unwirkliche für wirklich halten?

Sai: Du hast weder das Salz noch den Zucker gekostet, sondern machst dir über beide nur Gedanken.

H: Ist jemand, der in das göttliche Glücksbewußtsein eingeht, sich dessen bewußt?

Sai: Er ist der Zeuge seiner Glückseligkeit. Er tauscht sein begrenztes Bewußtsein gegen das allumfassende Gottbewußtsein ein. Tiefschlaf ist ein Zustand, in dem weder die Welt noch das Denken und Fühlen existieren, sondern nur das "Selbst". Freiheit ist diese gleiche Erfahrung, aber bei vollem Bewußtsein.

H: Swami erwähnt verschiedentlich: Freude, Glück, Glückseligkeit. Besteht da ein Unterschied?

Sai: Glück ist vergänglich. Es wird uns durch andere zuteil. Das nächste ist die Freude. Man freut sich, wenn man sich den Magen füllen kann – sie kommt und geht. Glückseligkeit ist unsere eigentliche Natur. Sie ist nicht vergänglich. Sie kommt nicht von außen auf einen zu. Sie ist des Menschen ureigenes Wesen und daher von Dauer.

H: Wer versorgt denn den Körper, wenn man vollkommen in Gott aufgegangen ist?

Sai: Im Wach- und Traumzustand ist Bewußtsein vorhanden, aber wer versorgt den Körper im Tiefschlaf? Es ist Gott! Wer sorgt überhaupt für deinen Körper? Wenn eine Lähmung eintritt, hast du dann noch Gewalt über den Körper? Die wirklichen Heiligen und *Yogis* im Himalaya sind nicht in der Lage, für ihren Körper zu sorgen. Gott sorgt für sie.

H: Baba sagt, die äußere Natur höre auf einer bestimmten spirituellen Bewußtseinsstufe auf zu bestehen. Wie ist das zu verstehen?

Sai: In der spirituellen Entwicklung gibt es zehn Stufen, die durch verschiedene Töne gekennzeichnet sind. Diese reichen von beliebigen Geräuschen über die Tonschwingungen von Glocken, Flöten, Muscheln und dem *"OM"* bis zu Donner und Explosion. Die zehnte Stufe, welche die Sinne transzendiert, ist die Form der reinen Schwingungsenergie. Bis dahin gehört alles ins Reich der Sinne. Jenseits der Sinne liegt der Zustand der Glückseligkeit, der universale Körper Gottes, der Licht ist.

H: Ist dieser Zustand des Glücksbewußtseins nur vorübergehend? Was geschieht dann im täglichen Leben?

Sai: Wenn dieser Zustand einmal erreicht ist, bleibt er bestehen. Dann ist die Welt Glückseligkeit und nichts anderes. Denke Gott, iß Gott, trinke Gott, atme Gott, lebe Gott.

H: Wird jeder alle diese Stufen durchlaufen?

Sai: Nein. Man kann direkt den transzendenten Zustand, den sechsten, siebenten oder irgendeinen anderen ohne Zwischenstufen erreichen. Es ist nicht einheitlich.

H: Wie sollen wir uns auf den verschiedenen Stufen verhalten?

Sai: Der Zustand ändert sich, aber die Haltung sollte dieselbe bleiben.

H: Aber welchen Wert sollte man den verschiedenen Stufen beimessen?

Sai: Der Sucher ist mit keiner dieser Stufen zufrieden, denn er sehnt sich nach Vereinigung mit dem Höchsten. Das starke Verlangen bleibt unvermindert bestehen, bis wahre Glückseligkeit den Menschen erfüllt. Dann hört das Verlangen auf. Wer ist der ärmste Mensch in der Welt?

H: Ein Mensch ohne Gott?

Sai: Nein, der Mensch mit den meisten Wünschen!

Bis er den wunschlosen Zustand reiner Glückseligkeit erreicht, ist er arm.

Besucher: Man erwirbt ein gewisses Maß spiritueller Erkenntnis, aber ist das nicht alles im nächsten Leben ausgelöscht?

Sai: Wir sagen: "Ich bin nicht mein Körper, meine Persönlichkeit oder meine Intelligenz, denn diese sind vergänglich." Sie bestehen aus demselben Grundstoff und nicht aus verschiedenen Materialien. Ebenso wie Butter, Sauermilch, Buttermilch und Butterschmalz nicht wieder zusammengefügt und in Milch zurückverwandelt werden können, so kehrt auch das Bewußtsein, wenn es sich erst einmal durch das Quirlen der Milch der Welt von der Welt losgelöst hat, nicht zu ihr zurück. Spirituelles Sein, einmal manifestiert, geht nie wieder verloren.

19.

H: Das Auto, in dem wir fahren, hat bestimmte, natürliche Merkmale, die weder gut noch schlecht sind. Wenn es sich bewegt, hat es Geschwindigkeit und kinetische Energie. Welche natürlichen Kräfte sind dem menschlichen Geist eigen, die damit verglichen werden können?

Sai: Der menschliche Geist hat gar keine Kräfte. Die einzige Kraft ist die Kraft des Göttlichen in uns *(ātman)*. Den Geist als solchen gibt es nicht. Der Mond wird durch die Sonne erhellt. Was wir sehen, ist das reflektierte Licht der Sonne. Was wir für den Geist halten, ist das reflektierte Licht des Göttlichen *(ātman)*, das auf das Herz scheint. In Wirklichkeit gibt es nur das Herz. Das reflektierte Licht wird für den menschlichen Geist gehalten, aber das stellt man sich nur so vor. Es gibt nichts anderes als die Sonne und den Mond (d.h. das reflektierte Licht – in diesem Beispiel der Geist – hat keine Eigenständigkeit.) Aus einem anderen Grunde kann der Geist nicht mit einem Auto verglichen werden: Das Auto hat eine Form. Der menschliche Geist hat keine Form und keine Eigenexistenz. Man kann sagen, daß er aus Wünschen gewoben ist. Das göttliche Licht *(ātman)* strahlt auf das Herz, gleichgültig, ob es rein oder unrein ist. Am besten ist es, das Herz zu läutern und mit starkem Verlangen nach Gott zu füllen.

H: Mein Geist arbeitet in diesem Augenblick ohne Rücksicht darauf, ob er fein oder grob ist. Baba sagt, die einzige Kraft sei die Kraft des *"ātman"*. Warum kann ich dann nicht das, was in diesem Augenblick als Geist, bzw. Intelligenz, tätig ist, als *"ātman"* erkennen?

Sai: Die Reinheit des *"ātman"* wird sichtbar, sobald die Hindernisse, die seiner Erkenntnis im Wege stehen, durch spirituelle Übungen *(sādhana)* überwunden werden. Das bedeutet nicht, nur im üblichen Sinne zu meditieren. Meditation muß ein ständiges inneres Forschen sein: Wer bin ich? Was ist Liebe, was ist lieblos? Meditation bedeutet, über spirituelle Prinzipien nachzudenken, herauszufinden wie man das, was Baba lehrt, am besten anwenden kann.

H: Ich habe die ganz starke und tiefe Überzeugung, daß alles Leben eine Einheit ist, und daß andere Wesen mit mir eins sind. Dieses Eine ist *"ātman"*, und es ist in diesem Augenblick in seiner Vollkommenheit gegenwärtig. Auch beschäftige ich mich dauernd mit spirituellen Übungen. So ergibt sich die Frage: Warum kann ich nicht diese Einheit als mein eigentliches Selbst erfahren?

Sai: Deine Überzeugung von der Einheit ist eine Idee, ein Gedanke. Sie ist keine Erfahrung. Wenn z.B. deine Frau Schmerzen in der Brust hat, fühlst du diese Schmerzen? Wenn nicht – wo ist die Einheit? Die Einheit des Lebens muß erfahren werden und darf nicht nur ein Gedanke ohne Erfahrung bleiben.

H: Jetzt muß Swami aber etwas über Erfahrung sagen! Wenn meine spirituellen Übungen *(sādhana)* und meine Überzeugung diese Einheit nicht zur wirklichen Erfahrung werden lassen, wie kann ich dieses Ziel überhaupt erreichen?

Sai: Mit stetigem *"sādhana"* wird man ohne besondere Mühe zur Erfahrung des Einen gelangen. Es ist so wie mit uns in diesem Auto. Wir müssen nur darauf bedacht sein, vorsichtig zu fahren, dann werden wir zu gegebener Zeit Anantapur erreichen. Durch richtiges und stetiges *"sādhana"* wird die eigentliche Erfahrung der Einheit sich zu gegebener Zeit ganz natürlich einstellen.

H: Swami, es ist nicht möglich, dem Tod zu sagen, er möge auf einen passenderen Zeitpunkt warten. Welche Einstellung sollten wir dem Tod gegenüber haben?

Sai: Es ist sehr verwunderlich, daß jeder denkt, nur er selbst müsse nicht sterben. Blumen blühen und verbreiten ihren Duft, bevor sie verwelken. Der Mensch jedoch macht ein langes Gesicht, wenn sein Ende naht. Er sollte wie die Blume sein und, noch während er stirbt, andere beglücken. An zwei Dinge muß man immer denken: an den Tod und an Gott. Und es gibt zwei Dinge, die man vergessen muß: alles Böse, das uns von anderen zugefügt wurde, und alles Gute, das wir für andere getan haben mögen. Daran festzuhalten und es nicht zu vergessen bedeutet, die Früchte ernten zu wollen. Das würde Folgen in der Zukunft haben, denn alles, was gedanklich festgehalten wird, muß später irgendwann einmal ausgelebt werden. An den Tod dagegen sollte man immer denken, denn das gibt Anlaß zu vielen guten Taten und läßt den Menschen das Schlechte meiden.

H: Man sagt, der menschliche Geist sei gefährlich. Was bedeutet das?

Sai: Der Geist kann befreien oder versklaven. Er ist wie eine Schlange mit langen Giftzähnen. Wenn den Zähnen das Gift entzogen worden ist, sind sie ungefährlich. Ebenso stellt der Geist keine Gefahr dar, wenn er frei von Wünschen ist.

H: Aber es wird immer gesagt, daß alle Probleme im Geist entstehen?

Sai: Durch Wünsche!

H: Dann muß man also seine Gedanken kontrollieren?

Sai: Gedanken und Wünsche sind nicht dasselbe. Es gibt viele Gedanken, die keine Wünsche sind. Wenn die Gedanken sich zu sehr mit materiellen Dingen befassen, entstehen Wünsche. Jeder Wunsch entspringt einem Gedanken, aber nicht jeder Gedanke ist ein Wunsch. Dunkle Wolken bringen Regen, aber es gibt auch Wolken ohne Regen. Gottes Gnade gleicht den Regentropfen. Sie sammeln sich an und werden zum Wolkenbruch. Starkes Verlangen nach Gott läßt schlechte Gedanken ohne Einfluß vorüberziehen. Auf Gott gerichtetes Verlangen erzeugt Unterscheidungsvermögen. Die höhere Intelligenz, die das Unterscheidungsvermögen auslöst, ist weder dem Geist noch den Gedanken gleichzusetzen. Sie ist eine Kraft, die unmittelbar der göttlichen Energie entspringt.

Besucher: Wie kann man mit schlechten Gedanken fertig werden, die durch Eifersucht, Haß oder Faulheit entstehen?

Sai: Es hat keinen Zweck, sich Gedanken zu widersetzen oder gegen sie anzukämpfen. Wenn sie unterdrückt werden, sind sie immer bereit, in schwachen Augenblicken wieder hochzukommen – wie die Schlangen in einem Korb. Wenn der Deckel locker sitzt oder entfernt wird, erheben sie ihre Köpfe. Um schlechte Gedanken und Impulse zu überwinden, muß man den Wunsch haben, Gott zu dienen. Man muß gute Gespräche mit weisen Menschen führen und mit Worten und Taten nur Gutes wirken. Das Gewicht der guten Taten und Gedanken wird die Saat der schlechten Taten und Gedanken begraben. Gute sowie schlechte Gedanken und Wünsche liegen wie Saatgut im Geist. Wenn man Samenkörner mit zuviel Erde bedeckt, faulen sie und verkommen. Gute Gedanken und Taten begraben die schlechte Saat so tief unter sich, daß sie verfault und nicht mehr keimen kann.

H: Wenn ich störende Gedanken habe, sage ich: "Es ist Dein Geist Swami, nicht meiner", und damit endet dieser Gedankengang.

Sai: Das ist richtig. Im selben Augenblick verschwindet das Ego. Das ist der einfache Weg.

H: Swami, was weiß der Geist? Er scheint vieles zu wissen, aber was weiß er wirklich?

Sai: Der Geist weiß überhaupt nichts. Das sogenannte "Studium" vermittelt nur Buchwissen. Wissen muß mit Philosophie Hand in Hand gehen. Philosophie ist nicht Religion, sie sucht nach der Wahrheit, und die Wahrheit ist Gott. Die Liebe zu Ihm kann durch das Rezitieren Seines Namens, durch Singen von *"bhajans"*, durch spirituelle Gedanken und durch das Verlangen nach Vereinigung mit Ihm gepflegt werden. Das Einswerden mit Gott entspricht dem Platzen des Wasserbläschens, das dann eins wird mit dem großen Meer. Philosophieren stärkt die Willenskraft, ohne die alles Wissen nutzlos ist.

H: Swami, im Westen ist man der Ansicht, daß der Mensch von Geburt an Willenskraft besitzt.

Sai: Willenskraft wird durch die geistige Beschäftigung mit der Wahrheit entwickelt. Sie ist eine direkte Manifestation der göttlichen Energie.

H: Im Westen wird dem Geist großer Wert beigemessen. Man glaubt, daß man im Leben ohne geistige Fähigkeiten keinen Erfolg haben kann. Ich zum Beispiel mußte mir diese Fähigkeiten aneignen, um mein Studium absolvieren und Geld verdienen zu können, damit ich zu Baba reisen konnte.

Sai: Dein Herz hat dich zu Baba geführt, nicht der Geist, nicht wahr? Die Vorstellung, daß es einen Geist gibt, ist bis zu einer gewissen Stufe nützlich – für die Universität, die Wissenschaften usw. Aber von einer bestimmten Stufe an bleibt die Wissenschaft zurück und die Philosophie nimmt den ersten Rang ein. Dann tritt das Herz an die Stelle des Geistes. Neulich hat das jemand am Beispiel eines Spiegels klar gemacht. Je weiter man sich von ihm entfernt, desto kleiner und kleiner wird das Spiegelbild, obwohl es sich nicht im geringsten verändert. Das gleiche geschieht mit der Welt. Je stärker die Liebe zu Gott wird, desto weiter weicht die Welt zurück. Sie erscheint kleiner und kleiner, bis sie kaum noch bemerkt wird. In Wirklichkeit gibt es nur das Herz.

H: Was ist die Ursache der Illusion, die uns glauben läßt, daß wir als unabhängige Wesen mit eigenem Willen durch die Welt gehen?

Sai: Dieses Trugbild ist eine Folge des "Ich"-Gedankens, und weil der Körper für dieses "Ich" gehalten wird, entstehen so viele Schwierigkeiten. Da der Geist dieses Gewebe der Täuschung gewoben hat, muß er sich nach innen wenden und seine eigentliche Natur durch das Entwickeln von Unterscheidungsvermögen und durch das Lösen von Bindungen erforschen.

H: Swami hat gesagt, der Geist sei nicht gefährlich, aber nach den Schwierigkeiten zu urteilen, die er uns bereitet, scheint er sehr gefährlich zu sein.

Sai: Der Geist verursacht keine Probleme, solange er sich nicht mit den Sinnen vereint. Zum Beispiel: Im Geist entsteht der Gedanke an das Filmtheater. Das schadet nichts. Wenn er aber den Körper veranlaßt, dorthin zu gehen, dann beschäftigt er sich mit dem Film, den Menschen, deren Gefühlen und Problemen, und der Frieden geht verloren. Der Geist sollte sich nicht mit den Sinnen einlassen. Die Sinne sollten nur den Bedürfnissen des Körpers dienen, während der Geist sich mit den fünf "Sinnen" der spirituellen Welt – nämlich Wahrheit, Konzentration, Frieden, Liebe und Glückseligkeit – befassen sollte. Solange der Geist sich damit beschäftigt, ist alles gut, und der Mensch ist glücklich und zufrieden.

Alles Materielle, alles Vergängliche hat ein Wärmepotential. Auch die Temperatur des Körpers steigt bei schnellerem Atmen. Wenn Stoffe mit dieser "Wärme-Eigenschaft" ins Feuer geworfen werden, lassen sie es auflodern und gehen Verbindungen ein. Aber sowohl das Absolute als auch der Geist an sich sind eigenschaftslos. Deshalb kann der Geist in Gott eingehen.

H: Swami, was ist hierbei die Definition von "Geist"?

Sai: Der ganze Bereich vom Ego bis zur Intuition kann mit Recht als "Geist" bezeichnet werden.

H: Sobald der Geist nicht mit einer Aufgabe beschäftigt ist, halte ich ihn durch das Wiederholen von "*Sai Rām, Sai Rām*" zur Aufmerksamkeit an. Ist das richtig?

Sai: Ganz richtig.

H: Wenn der Geist nicht mit irgendeiner bestimmten Arbeit beschäftigt ist, auf was soll man dann seine Aufmerksamkeit heften?

Sai: Auf die Stelle zwischen den Augenbrauen. Dort ist das Auge der Weisheit, das Auge Gottes.

H: Der Fluß der Gedanken stört die Konzentration. Wie kann man das Denken reduzieren?

Sai: Das Denken ist eine alte Angewohnheit. Selbst wenn man damit aufhören wollte, käme es nur sehr langsam zu einem Stillstand. Wenn man z.B. einen Ventilator abstellt, dreht er sich noch eine Weile weiter. Die Gedanken können aber geändert werden. Ein Gedankengang kann den anderen unterbrechen. Das beste ist, die Gedanken auf ein spirituelles Thema zu lenken. Dadurch entsteht ein spontanes Verlangen nach dem Göttlichen, denn das bedeutet ein Zurückkehren zum Ursprung. Alle anderen Ziele sind selbst gesetzt. Ein Fisch in einem wertvollen Becken aus Gold, das mit Edelsteinen verziert ist, interessiert sich nicht für Gold und Edelsteine. Er sehnt sich nur nach der Freiheit des Meeres. Indem der Mensch seinen Ursprung vergißt, legt er sich Beschränkungen auf. Das wirkliche Wesen des Menschen, sein eigenes Selbst, ist das Göttliche, die unendliche Glückseligkeit, die ihn unwiderstehlich anzieht, wie *Rāma*, dessen Name bedeutet: "Er, der an sich zieht".Das göttliche Selbst zieht uns an sich. *Rāma* war Gott in menschlicher Gestalt. Jeder wollte Ihm nahe sein, Ihn anschauen.

H: Ist es vielleicht so, Swami, daß der Geist still wird, wenn wir die Gedanken nach innen wenden, bis zu ihrem Ursprung verfolgen und die Quelle der Gedanken beobachten? In weltlichen Dingen sind Gedanken notwendig und nützlich. Aber auch wenn es nicht nötig wäre zu denken, hört der Geist nicht auf, sich mit allen möglichen unnützen Dingen zu beschäftigen, obwohl es viel besser wäre, einfach still zu sein.

Sai: Das ist der falsche Weg, die Sache anzupacken. Der Geist ist von

Natur aus rastlos. So wie es die Natur der Ratte ist, dauernd an etwas zu knabbern, und die Natur der Schlange, dauernd nach etwas zu züngeln, ist es die Natur des Geistes, dauernd beschäftigt zu sein. Selbst wenn er ruhig ist, bleibt er in einer leichten Bewegung, wie die Federn eines Pfaus. Er ist wie eine Espe, deren Laub selbst an einem windstillen Morgen leicht zu zittern scheint. Es liegt in seiner Natur, bei Gegenständen zu verweilen. Die richtige Methode, mit dem Geist fertig zu werden, ist es, sich guten Taten, guten Gedanken und der Rezitation des Namen des Herrn zuzuwenden und ihm nicht zu erlauben, sich mit schädlichen Dingen, Gedanken und Handlungen zu befassen. Auf diese Weise wird man dem natürlichen Wesen des Geistes, immer beschäftigt zu sein, gerecht und verhindert gleichzeitig, daß er Schaden anrichtet. Etwas anderes ist sehr wichtig, um unnütze Gedanken zu vertreiben, und das ist Arbeit. Der Mensch ist dazu bestimmt, schwer zu arbeiten. Bei schwerer Arbeit, gleichgültig welcher Art, die im Dienst des Herrn ausgeführt wird, hat der Geist keine Zeit, unnützen Gedanken nachzugehen. Wenn die Arbeit getan ist, sollte man sich weiterhin geistig beschäftigen, indem man meditiert, den Namen des Herrn rezitiert, gute Bücher liest und Umgang mit guten Menschen pflegt.

Für viele mag es schwer sein, sich Gott auszuliefern, aber jeder ist der Zeit ausgeliefert – und Zeit ist Gott. Das Leben wird von Tag zu Tag kürzer, und man überläßt sein Leben dieser Zeit. Die Zeit erobert unser Leben, und diese Zeit ist Gott. Zuerst kommt also die Arbeit, dann Weisheit, dann Liebe; und irgendwann im Leben eines Menschen wird die Zeit kommen, in der die Arbeit ausschließlich Gott gewidmet ist und dadurch zu einem Ausdruck der Liebe wird.

H: Swami hat neulich gesagt, Er werde vielleicht in unser Denken kommen und zu uns sprechen, wenn unser Geist still und empfänglich ist.

Sai: Wenn das Verlangen, mit Swami in Verbindung zu treten, stark genug ist, dann wird der Geist ruhig, und Swami kann zu euch sprechen. Aber das Problem ist, daß ihr diese Intensität nicht besitzt.

H: In Burma wird Buddhas Methode, die Gedanken zur Ruhe kommen zu lassen, viel geübt. Hat Swami eine bessere Methode?

Sai: Buddhas Methode, das Ein- und Austreten des Atems in den Nasenlöchern zu fühlen, ist nur ein Anfang. Es ist gut für ein paar Minuten, bevor die Meditation beginnt. Es gibt keine "bessere" Methode, um die Gedanken zur Ruhe zu bringen. Es gibt nur eine Methode. Oft wird die Frage gestellt: "Wie lange sollen wir meditieren?" Darauf gibt es keine

Antwort, denn man muß keine bestimmte Zeit einhalten. Meditation sollte ein Prozeß sein, der den ganzen Tag über andauert. Die Sonne scheint, und das Sonnenlicht fällt hierhin und dorthin. Was ist der Unterschied zwischen der Sonne und dem Sonnenschein?

H: Es gibt keinen Unterschied, Swami.

Sai: Ebenso ist es mit Gott. Alles ist Gott, alle Gedanken, alle Wünsche. Alle Gedanken sollten als von Gott gegeben betrachtet werden.

H: Aber Swami, da bleibt noch immer das Rätsel, wie man der Unruhe des Geistes Herr werden kann.

Sai: In Wirklichkeit gibt es keinen Geist. Es sind die Wünsche, auf die es ankommt. Wenn Gott das einzige Ziel der Wünsche ist, dann wird alles gut.

H: Aber in der Meditation eilen die Gedanken und Ideen in schneller Folge durch den Kopf. Müssen diese nicht zur Ruhe kommen, damit in der Meditation Stille herrscht?

Sai: Ja, die Gedanken müssen ruhiger werden. Nach einer gewissen Zeit werden sie zum Stillstand kommen. Wenn in der Meditation das Verlangen auf das Einswerden mit Gott gerichtet ist, wird das ganz natürlich geschehen. Es sollte keine Methode, keine Gewalt angewandt werden. Das Verlangen darf nicht zu ungestüm, zu heftig werden. Selbst der Wunsch nach Gott kann zu drängend, zu fieberhaft sein. Startet frühzeitig, fahrt langsam, erreicht sicher das Ziel. Man kann dabei zu faul, zu schnell oder zu langsam sein, und das ist nicht gut. Es sollte ein gleichmäßiger, stetiger Vorgang sein.

H: Sind die Gedanken, die durch den Geist fließen, feinstoffliche Materie?

Sai: Ja. Sie sind Materie, und alle Materie ist vergänglich.

H: Wo kommen die Gedanken her?

Sai: Sie entstehen aus Nahrung und Umwelt. Wenn ihr nur reine Nahrung zu euch nehmt und nur nach dem Guten strebt, werden nur gute Gedanken kommen.

H: Wo gehen die Gedanken hin?

Sai: Gedanken gehen nirgendwo hin, denn sie fließen nicht durch den Geist. Der Geist geht nach außen, greift etwas auf und beschäftigt sich dann damit. Wenn er auf Gott ausgerichtet ist, wendet er sich nicht nach außen. Am besten aber ist es, das Loswerden der Gedanken nicht zu einem Problem werden zu lassen, sondern alle Gedanken als von Gott gesandt anzusehen. Dann werden nur Gott-Gedanken kommen.

H: Swami sagt, das Göttlich-Absolute *(ātman)* sei eine unbegrenzte Macht, und doch zeigt sich im täglichen Leben die unerbittliche Macht des Geistes.

Sai: Der Geist ist passiv und erscheint doch aktiv. Das ist nur möglich, weil sich das Göttliche *(ātman)* darin spiegelt. Manchmal scheint er der Stärkere zu sein. Eisen ist von Natur aus nicht heiß; es ist kühl und passiv, bis es im Feuer erhitzt wird. Ist es das Eisen, das brennt und die Hitze verursacht? Nein, die Hitze wird durch die brennenden Kohlen erzeugt und dann auf das Eisen übertragen. Wenn das Eisen jedoch heiß ist, scheint es noch heißer zu sein als die Kohlen.

H: Der menschliche Geist neigt dazu vorauszuplanen. Ist das falsch?

Sai: Im täglichen Leben macht man Pläne und führt sie dann aus. Das muß so bleiben, aber es muß mit reinem Herzen geschehen, und man darf dabei niemandem Leid zufügen. Eines Tages wird unerwartet ein göttlicher Gedanke kommen und diese göttlichen Impulse werden sich dann wiederholen.

Besucher: Wie kann ich wissen, was ein richtiger Gedanke ist?

Sai: Hier im *Aschram* kannst du Swami fragen. In Amerika bete um die Antwort, dann erforsche dich unvoreingenommen, und in einer halben Stunde wirst du die Antwort haben. Wenn du weißt, was richtig ist, frage nicht. Tue es. Das ist Vertrauen in die Kraft Gottes. Lasse alle anderen Beziehungen außer acht. Frage dich: "Ist mein Tun richtig?" gleichgültig, wer davon betroffen wird.

H: Swami hat gesagt, man solle sich vom Verstand distanzieren. Was bedeutet das?

Sai: Das bedeutet, daß ihr euch nicht ausschließlich von eurem Intellekt führen lassen dürft.

H: Welchen Funktionen unseres Geistes können wir vertrauen?

Sai: Zuerst findet heraus, was richtig und was falsch ist. Dann tut, was ihr für richtig haltet. Wenn ihr unsicher seid, wartet bis ihr sicher seid.

20.

H: Swami erwähnt den *Vedānta*. Was ist die richtige Bedeutung dieses Wortes?

Sai: *"Vedānta"* ist das Erforschen der metaphysischen Wirklichkeit des Göttlichen und der Welt und ihre gültige Erfahrung. Metaphysik beginnt, wo die Physik endet. *Vedānta* beweist durch Erfahrung das, was als Theorie formuliert worden ist. Philosophie ist die Frucht mit allen ihren Teilen, *Vedānta* dagegen der süße Saft. Die Philosophie führt an die Grenze der Wahrheit, gibt eine Vision der Wahrheit. *Vedānta* führt ins Herz der Wahrheit. Philosophie ist der Weg intellektuellen Forschens.

H: Swami spricht vom Göttlichen, von der Welt und vom einzelnen Menschen. Was ist Swamis Beziehung zum einzelnen?

Sai: Swami ist die treibende Kraft im Menschen. Er ist das "Ich", das Selbst in dir und allen anderen. Wenn die Sonne auf das Wasser scheint, wird es warm. Aber die Wärme ist keine natürliche Eigenschaft des Wassers.

H: Was ist der Unterschied zwischen Gott und der Welt?

Sai: Der Unterschied besteht nur in der Vorstellung. Wenn jemand vollkommen auf Gott ausgerichtet ist und nur nach Ihm verlangt, dann verschwindet der Unterschied, und auch die Welt wird von ihm als Gott gesehen. Gott, das Leben und die Welt sollten in dieser Reihenfolge erfahren und erkannt werden. Aber die meisten Menschen sehen nur die Welt und das Leben – und Gott ist in weiter Ferne.

Besucher: Warum besteht die Schöpfung? Was ist ihre Ursache?

Sai: Frage zuerst: "Warum brauchen wir Nahrung?" Es gibt keinen Grund dafür. "Warum Ehe?" Kein Grund. Dann Kinder. "Weshalb Kinder?" Kein Grund. Es ist dein Wunsch. Die Schöpfung ist Gottes Wunsch *(sankalpa)*. Zuerst gibt es den Samen eines Baumes. Er keimt, und daraus entstehen viele Zweige und Äste, und es werden immer mehr. Tausende von Blättern wachsen an dem Baum und Hunderte von Früchten. Es entsteht die Vielfalt. Alles aus einem einzigen Samenkorn.

Besucher: Aber was steht hinter der Schöpfung? Was ist der Grund?

Sai: Frage zuerst: "Wer bin ich?"

Besucher: Ich bin ein Niemand.

Sai: Nein, nein. Wer bist du? Finde das heraus und dann wirst du die Antwort auf deine Frage finden.

Besucher: Gibt es Leben auf anderen Planeten?

Sai: Die Schöpfung ist unendlich.

H: Ist es so, daß der Mensch seine Welt durch die Projektion seiner Vorstellungen selbst erschafft? Zum Beispiel: Der Begriff "Tisch" ist nicht wirklich. Was an dem Tisch wirklich ist, ist das Holz, aus dem er besteht, und dennoch ist der Begriff "Tisch" für uns wirklich und wir handeln dementsprechend.

Sai: Der Tisch besteht aus Holz und der Begriff "Tisch" ist eine zeitbedingte Projektion des menschlichen Geistes, nicht anders als Luftschlösser es sind. Aber das Bild im Geist ist eine Art Urform. Die Vorstellungen sind vorübergehende Erscheinungen, aber ihr Ursprung ist Gott. Sie sind wie die Wellen, Blasen und Schaumkronen, die auf dem Meer entstehen und wieder vergehen, während das Meer bestehen bleibt.

H: Swami hat einmal gesagt, daß die Welt ebenso aus dem Menschen hervorgeht, wie der Mensch aus dem Mutterleib. Betrifft das die ganze Welt, die wir wahrnehmen? Alles?

Sai: Mit einer Ausnahme. Es gibt etwas, das von außen in den Menschen hineinkommt. Und das ist das Ego, das sich durch die Bindung an Objekte der äußeren Welt bildet. Sobald das Verlangen nach den Dingen der Welt ausgeschaltet wird, verschwindet das Ego von selbst. Eindrücke der Umwelt für wirklich zu halten, ist schädlich. Weil der Mensch in seiner Umwelt etwas sieht, und es dann in sich entstehen läßt, glaubt er, die Außenwelt sei wirklich. Aber das gesehene Objekt ruft nur das in die Erinnerung zurück, was im Innern bereits vorhanden ist. Wenn die Augen geöffnet sind, sieht man die Schöpfung. Alle Wesen und Dinge werden mit Hilfe der Augen erschaffen. Der Ursprung all dessen, was du siehst, sind die Augen. Alles derart Gesehene ist vergänglich. Die drei Buchstaben in "eye" (Auge) stellen die drei ursprünglichen Eigenschaften *(guna)* dar. Aber mit dem "I" (Ich), dem "Selbst", kann man Dinge sehen, die weit jenseits des Vergänglichen liegen. (Anm. d. Übers: Wortspiel im Englischen – "eye" (Auge) = Aussprache "ai" und "I" (Ich) = Aussprache ebenfalls "ai".)

H: Würde Swami bitte Seine Feststellung, die Welt sei ein Spiegel, näher erläutern?

Sai: Die Welt ist ein Spiegel, und das Leben ist der Widerschein Gottes. Wenn der Spiegel blank ist, dann ist nur Gott sichtbar. Die Gegensätze von gut und böse werden nicht mehr gesehen. Alles ist Gott. Wenn die Welt nicht gesehen wird, gibt es keinen Spiegel und kein Spiegelbild. Die Vorstellung "Welt" entsteht nur durch den Spiegeleffekt. Der Spiegel (die Welt) existiert aber nur, solange wir Wünsche haben. "Welt" bedeutet eigentlich "innere Sinneswelt", denn wir nehmen die Welt durch die Sinne wahr. Diese Sinne nehmen das "Außen" wahr. Nur durch die von ihnen übermittelte Illusion scheint ein Körper zu existieren. Ein Leichnam wird verbrannt, wenn man das Holz des Scheiterhaufens anzündet. Die "innere Sinneswelt" entspricht dem Holz. Wenn sie durch Forschen und spirituelle Übungen *(sādhana)* verbrannt wird, verschwindet der Körper von selbst. Beides, Forschen und spirituelles Bemühen, sind dazu erforderlich.

H: Aber, Swami, unsere Erfahrung sagt uns, daß Objekte existieren – unabhängig davon, ob wir sie wahrnehmen oder nicht.

Sai: Für euch existiert die Welt nur dann, wenn ihr da seid, um sie wahrzunehmen. Wer blind oder bewußtlos ist, sieht sie nicht. Für euch ist die Welt so wie ihr sie seht, d.h., sie nimmt die Form an, die eurer Vorstellung entspricht. Wenn ihr euch vorstellt, alles sei Gott, dann seht ihr Gott in allem. Angenommen, ihr macht eine photographische Aufnahme. Gehen die Bäume durch die Linse und hinterlassen den Eindruck ihres Abbildes auf dem Film, oder nimmt die Kamera die Bäume in sich auf und hält ihr Bild fest?

H: Die Bäume hinterlassen einen Eindruck in der Kamera.

Sai: Falsch. Ich kann eine Aufnahme von einer Person machen, die nicht photographiert werden möchte. Aber kann ihre Weigerung das Foto verhindern? Oder umgekehrt: Eine Person möchte gern photographiert werden. Entsteht dadurch ein Bild? Das Herz entspricht einem Film, der das Bild Swamis einfangen kann. Wenn der Film aufnahmebereit und noch unbelichtet ist, kann er Swamis Bild einfangen, auch ohne daß Swami es will. Ist aber kein solcher Film in der Kamera, d.h. wenn das Herz unempfänglich und getrübt ist, dann kann Swamis Bild, selbst wenn Er es wollte, dort nicht erscheinen. Der Körper ist die Kamera, der Geist die Linse, die Höhere Intelligenz der Auslöser und Liebe ist der Film.

H: Aber Swamis Bild im Herzen ist Seine Form. *Krishna* sagt: "Es ist genug, wenn der Gläubige sich Gott als nicht abbildbar vorstellt." Was bedeutet das, und wie steht das in Beziehung zu Swamis Bild in unserem Herzen?

Sai: Es muß nicht Swamis Bild sein. Es mag die Liebe sein, die Swami ist. Zuerst wird Gott in einer Form erkannt. Dann wird Er in dieser Form überall gesehen. Schließlich wird Er, da jede Form vergänglich ist, als formlos angesehen. Ein Kind sieht das Abbild eines Elefanten und darunter das Wort "Elefant". Das Kind kann das Wort nicht lesen, aber es weiß jetzt, was es ist, wenn es den Namen "Elefant" hört. Wenn es zu lesen gelernt hat, genügt das Wort, um die Vorstellung "Elefant" hervorzurufen. Das Bild, die Form, ist vergänglich, aber das Wort bleibt, solange die Sprache besteht. Das Wort "Elefant" repräsentiert den Elefanten in seinem formlosen Zustand. Ebenso braucht der Gläubige, wenn er erst einmal die Sprache des Göttlichen erlernt hat, sich Gott nicht mehr bildlich vorzustellen. Dann genügt das Wort. Aber man lernt Gott durch Namen und Form kennen.

H: Wir sehen hier Swami als die Verkörperung Gottes. Wie sollen wir diese Form verstehen? Erscheint Gott nur in dieser einen Form? Würde Swami bitte die Frage, wenn sie unangebracht ist, als nicht gestellt betrachten.

Sai: Die Frage ist in Ordnung. Überall hier im Raum sind Drähte, aber nur eine Birne ist an die Drähte angeschlossen. Nur ein Licht leuchtet, obwohl derselbe Strom in allen Drähten fließt. Es gibt nur einen *Avatar*, und es ist dieser Körper, den Er angenommen hat. Natürlich sendet ein helles Licht seine Strahlen aus, und die Strahlen sind nichts anderes als das Licht selbst.

H: Swami, bitte erläutere die "Form" und das "Formlose" noch eingehender.

Sai: Der Körper ist in Wirklichkeit nicht das, wofür ihr ihn haltet. Ein Beispiel: Dreißig Jahre lang hat ein Mann die Mutter, die ihn geboren hat, verehrt. Er massiert ihre Füße, verneigt sich vor ihr, schaut ihr mit Liebe in die Augen, lauscht ihrer Stimme, und ihre liebevolle Sorge erwärmt sein Herz und macht ihn glücklich. Mit sechzig Jahren stirbt die Mutter. Der Mann weint: "Mutter, Mutter, warum hast du mich verlassen?" An wen wendet er sich mit diesem Aufschrei? Der Körper, den er verehrte, liegt vor ihm, die Füße, die er täglich massiert hat, sind da, aber er klagt, seine Mutter habe ihn verlassen. Wir müssen folgendes daraus schließen: Obwohl der Mann dreißig Jahre lang den Körper und die Mutter als ein und dasselbe angesehen hatte, wußte er in dem Augenblick als sie starb, sofort, daß die Mutter nicht der Körper war und daß sie ihn verlassen hatte, obwohl ihr Körper noch da war. Welchen Wert hat also der Körper, der niemals die Mutter war, auch wenn er eine Zeitlang für die Mutter gehalten wurde? Wenn ihr über dieses Geheimnis nachdenkt, wird euch klar, daß der Begriff "Mutter" ohne den Körper nicht hätte erfahren werden können. Nur mit Hilfe des Körpers konnte der Mann das zarte, liebevolle Wesen der Mutter, das auch sein Herz mit Liebe erfüllte, kennenlernen. Das form-

und zeitlose Prinzip "Mutter", konnte nur durch die vergängliche Form erfahren und wahrgenommen werden.

H: Swami, das ist wunderbar! Das erklärt die wirkliche Bedeutung der Form!

Sai: Das gleiche gilt für das formlose, transzendente Göttliche. Ohne Form existiert es für euch nicht. Ihr lernt das Göttliche mit Hilfe der "Form" kennen.

H: Sai hat das Geheimnis von Form und Formlosigkeit erklärt! Wie geht der Übergang von der Verehrung Gottes in der Form zur Verehrung des Formlos-Göttlichen vor sich?

Sai: Der Übergang vollzieht sich, wenn zu der innigen Liebe zu Gott in der Form das Sehen der geliebten Form in jedem Menschen hinzukommt. Dann ist Gott überall, und die Liebe zu anderen stellt sich leicht und natürlich von selbst ein.

H: Wenn wir in Swamis Gegenwart sind, können wir Seine Form sehen und verehren. Aber wenn Swami nicht da ist – sollten wir uns dann Sein Bild vorstellen, so daß wir auch immer Seine Form sehen können?

Sai: Ja. Man sollte sich die Form Gottes in allen Einzelheiten vorstellen und sein ganzes Gemüt in diese Form gießen. Das Bild Gottes mit den physischen Augen zu sehen, ist Dualismus. Es im Geiste zu sehen, ist bedingter Monismus. Wenn die Form in der Seele *(ātman)* aufgeht, dann ist es Non-Dualismus *(advaita)*. Die beiden Vorstufen sind keine andersgearteten Glaubensformen, sondern sie sind im Non-Dualismus enthalten, so wie Buttermilch und Butter in der Milch enthalten sind. Das Bild Gottes, das äußerlich wahrgenommen wird, sollte im Geist gesehen und dann in die Seele aufgenommen werden.

H: Wie kann man sich am besten ein geistiges Bild von Gott machen?

Sai: Die Form, die du siehst, oder auch eine Fotografie kann dazu dienen.

H: Sicherlich sollten wir das einmal gewählte Bild beibehalten, ob es nun ein Foto von Swami ist oder Seine Form, wie wir sie hier gesehen haben.

Sai: Der Geist sollte beständig auf das eine gewählte Bild Gottes ausgerichtet sein. Wenn ein Abbild aus Silber geformt ist, dann ist alles Silber: Augen, Haare, Mund, Haut.

H: Bitte wiederhole das noch einmal.

Sai: Geist und Gemüt wird in die Form des Bildes gegossen, so daß der Geist zum Abbild Gottes wird.

H: Ich verstehe. Das ist sehr einleuchtend. Aber Swami, wir sind glücklich in Swamis Gegenwart und nicht so glücklich, wenn Swami nicht da ist.

Sai: Du identifizierst dich mit deiner körperlichen Form und deshalb legst du Wert auf die Form des anderen. Wenn du dich weniger an die körperliche Form bindest, wirst du noch glücklicher sein.

21.

H: Wir betrachten uns als Swamis Kinder. Swami ist wie eine Mutter, der wir uns anvertrauen, wenn möglich im Gespräch, wenn nicht, dann in Gebeten und in Briefen, die wir Ihm schreiben.

Sai: Eine endlose Flut von Briefen erreicht Swami. Swami liest sie alle. Etwa um 10 Uhr morgens werden sie verbrannt. Swami macht alles selbst, deshalb wird alles richtig gemacht. Swami schläft niemals. Mitten in der Nacht löscht Er das Licht und legt sich auf Sein Bett, denn wenn das Licht brennt, versammeln sich draußen die *Devotees*. Swami braucht keinen Schlaf. Menschen aber brauchen mindestes vier Stunden Schlaf; das ist wichtig für sie. Die Leute denken, daß Baba am Nachmittag bis 4 Uhr ruht. Aber Er ruht nicht. Er ist nie müde. Er arbeitet immer. Den Menschen wird es zuviel, wenn drei oder vier Verwandte zu Besuch kommen. Babas Besucher sind zahllos. Baba kümmert sich um alle Einzelheiten, die Seine Schulen und Colleges betreffen und um die Millionen von *Devotees*. Die Verantwortung für die Arbeit der meisten Menschen wird von anderen getragen, aber Baba ist sowohl für die Arbeit, als auch für deren Ergebnis verantwortlich.

H: Baba ist auch für Seine anderen Welten verantwortlich, stimmt das?

Sai: Ja, für die Heiligen, die Weisen und *Yogis* überall. Swami kümmert sich um ihren Schutz und ihr Wohlergehen, wo sie auch sein mögen.

H: Ich meine, Swami ist für das ganze Universum verantwortlich, nicht nur für diese Welt?

Sai: Man kann sagen: Baba ist der Hauptschalter. Die Schaltung ist vorgenommen und nun geht alles ganz von selbst. Wenn der Autoschlüssel in der Zündung umgedreht wird, dann arbeiten alle Teile des Motors planmäßig zusammen. Auf ähnliche Weise spielt sich im Universum alles gesetzmäßig ab. Die sogenannten "Wunder" sind weder Wunder noch beweisen sie Göttlichkeit. Babas endloses Werk in allen Welten ist leicht, keine Last, immer Freude – das ist das "Wunder".

H: Wenn man die endlosen Probleme bedenkt, mit denen es Swami in dieser Welt zu tun hat, ist es erstaunlich, daß Er immer ausgeglichen, immer glücklich ist.

Sai: Gleich was geschieht – Swami ist immer im Zustand vollkommener Glückseligkeit.

H: Entschuldige bitte eine Frage, die unhöflich klingen mag: Swami scheint manchmal Stimmungen unterworfen zu sein. Was hat das zu bedeuten?

Sai: Ein Boot gleitet über das Wasser, aber das Wasser dringt nicht in das Boot ein. Ebenso wie man sich in einem wasserdichten Boot sicher fühlt und keine Angst hat, so wird Babas Glücksbewußtsein nie von Sorgen und Unruhe gestört. Aber die Menschen handeln nicht wie Baba. Sie erlauben dem "Wasser", nämlich allen möglichen Sorgen und Befürchtungen, in das "Boot" einzudringen. Sie kennen keine echte Freude, kein Glücksbewußtsein, sie sind ohne inneren Frieden. Baba ruht immer im Glücksbewußtsein, unbeeinträchtigt von den äußeren Umständen der Welt. Bedenkt, daß Baba monatlich Hunderttausende von Rupien an Ausgaben hat. Auf Seinen Schultern ruht die Verantwortung für die Schulen, den *Aschram*, die Menschen Seiner Umgebung, die Interviews, die Bittgesuche, die Korrespondenz, die Probleme. Das ist auf der physischen Ebene. Zu gleicher Zeit ist Swami auf der geistigen Ebene immer bei jenen, die sich nach Gott sehnen, gleich in welchem Teil der Erde sie leben mögen. Er ist mit den Heiligen, den *Yogis*, den Weisen der ganzen Welt, mit allen denen, die auf dem spirituellen Pfad sind. Er wacht über sie, führt sie und stärkt ihnen Herz und Geist auf ihrem Weg zu Gott. Aber Baba wird von all dem nicht berührt. Sein Glücksbewußtsein ist unwandelbar. Er befindet sich ständig in diesem Glückszustand, auch wenn Er ärgerlich, ungeduldig, zurückhaltend oder unnahbar erscheinen mag. Der "Ärger" tritt nur in Erscheinung, weil der ärgerliche Ton in bestimmten Situationen notwendig ist, um Fehler zu korrigieren. Ebenso spielen Zurückhaltung und "Unnahbarkeit" zur rechten Zeit am rechten Ort ihre angemessene Rolle. In Wirklichkeit ist Babas Liebe ebenso beständig und unveränderlich wie Sein Glücksbewußtsein.

H: Baba hat die unvorstellbar große Verantwortung für das Universum. Wie kann Er es sich da leisten, Zeit aufzuwenden, um mit Leuten wie uns zu sprechen?

Sai: Baba erfüllt mit Seinen unbegrenzten Körpern – mit "tausend Köpfen, Händen und Füßen" – alle Aufgaben gleichzeitig. Nur dieser Körper sitzt hier und spricht mit euch. Das ist Babas Allgegenwart. Der *Avatar* ist nicht an die fünf Elemente gebunden. Er ist der Schöpfer. *Arjuna* war der verantwortlich Handelnde, *Krishna* der Schöpfer. Wissenschaft wirkt im Äußeren, Weisheit im Inneren. Wenn der Mensch sich nach außen wendet, erfindet er Maschinen, aber damit endet sein Können. Das seht ihr an den vor einigen Monaten tödlich verunglückten Astronauten. Gott unterliegt keiner Begrenzung. Er ist der Schöpfer der Elemente. Er verändert sie, erhält sie und löst sie auf.

H: Der *Avatar* wird nie geboren, aber es scheint so, als ob Er einen Körper besäße, der einem natürlichen Wachstumsprozeß unterworfen ist. Körper sind vergänglich, und Babas Körper scheint nicht anders zu sein.

Sai: Der *Avatar* kommt in einem Körper, der so ist, wie du ihn beschrieben hast. Der Unterschied besteht darin, daß die Menschen mit bestimmten Veranlagungen geboren werden und mit den Folgen ihrer Handlungen in früheren Inkarnationen *(karma)* belastet sind. Baba hat diesen Körper aus eigenem Willen und ohne solche Belastungen angenommen. Deshalb ist Er vollkommen frei, ohne Wünsche, ohne Bindungen, immer glücklich.

H: Wenn wir Baba als Form unter all den vergänglichen Formen sehen, können wir auf Ihn als das einzig Wirkliche zwischen all den vergänglichen, traumähnlichen Formen hinweisen?

Sai: Ja, das einzig Wirkliche ist Baba. "BABA" bedeutet: Sein, Bewußtsein, Glückseligkeit, *Ātman* (engl.: **B**eing, **A**wareness, **B**liss, **Ā**tman) – die einzige Wirklichkeit.

22.

H: Was meinte Swami, als Er von spiritueller Energie sprach, die das menschliche Wesen ausmacht und die in das All zu richten ist anstatt auf das begrenzte Ego?

Sai: Wenn die Welt dahinschmilzt, wenn du Glückseligkeit oder auch nur ein vorübergehendes Glücksgefühl empfindest, halte es fest, verharre in diesem Zustand und erlaube dir nicht, in Egogefühle und -gedanken zurückzufallen. Vom Menschen geht spirituelle Energie aus, deren Charakter Freude und Glückseligkeit ist. Alles, was der Mensch zu tun hat, ist, diese Glückseligkeit zu verkörpern. Der Gedanke des Suchens ist ein Irrtum. Jeder kennt die Wahrheit und muß sie nur verwirklichen. Das Menschliche im Menschen ist nichts anderes als diese spirituelle Energie der Freude. Es ist leicht, eine Blume zu pflücken oder mit dem Auge zu zwinkern. Selbstverwirklichung ist ebenso leicht.

H: Swami sagt, es sei die Pflicht des Menschen, glücklich zu sein.

Sai: Fröhlichkeit ist eine Voraussetzung für Gotterkenntnis. Sie öffnet den Zugang zum Göttlichen. Es ist nicht nur ein Fehler, wenn ein Mensch nicht glücklich ist, sondern einer der schwersten aller Fehler. Es ist ein Hindernis auf dem Weg zur Erkenntnis. Meistens sind die Menschen unglücklich, weil ihre Wünsche und Erwartungen nicht erfüllt werden. Sie haben zuviel Interesse an weltlichen Dingen. Damit sie diesen Fehler loswerden können, muß ihnen gezeigt werden, wie schwerwiegend er ist. Sie müssen erkennen, daß das Verlangen niemals ein Ende nimmt, ebenso wenig wie die Wogen des Meeres jemals zur Ruhe kommen.

H: Swami sagt: Freude und Glück liegen zwischen zwei Kümmernissen. Was bedeutet das?

Sai: Glück ist der Zeitraum zwischen zwei Kümmernissen. Beseitigt den Kummer, und es bleibt die Freude. Aber niemand macht sich die Mühe, die Ursache des Kummers zu entdecken. Das erinnert an eine Frau, die unter der Straßenlaterne eine Nadel suchte, weil in dem Haus, in dem sie die Nadel verloren hatte, kein Licht war. Das Haus wird durch das Licht der Weisheit erleuchtet. Das Verlorene kann nur dort gefunden werden, wo es verloren wurde. Kummer und Leid sind eine Folge des Verlangens. Das Heilmittel ist, dieses Wünschen und Verlangen auf Gott auszurichten, nur Gott zu wollen. Dann wird das Leiden augenblicklich aufhören, weil die Ursache, nämlich die Abkehr von Gott und die Hinwendung zu weltlichen Wünschen, nicht mehr vorhanden ist. Ereignisse, die bisher Leid hervorriefen, hören auf, Leiden zu verursachen. Wenn jemand, den man "mein" nennt, leidet, empfindet man selbst Schmerz. Wenn aber das Wünschen und Wollen ausschließlich auf Gott ausgerichtet ist, vergeht dieser Schmerz.

H: Aber man leidet auch unter dem Schmerz, den andere erdulden.

Sai: Das Leiden, das man empfindet, wenn man andere leiden sieht, ist Einbildung. Dieses mitfühlende Leiden wird vergehen, aber das Mitgefühl bleibt. Verströmende, fließende Liebe ist Mitgefühl. Wenn die Liebe auf den Mann, die Frau, die Kinder beschränkt bleibt, ist es ichbezogene Liebe.

Anbetende Verehrung ist die sich frei verströmende, fließende Liebe zu Gott.

23.

H: Gestern abend, als Swami zu den Studenten sprach, sagte Er etwas sehr Rätselhaftes, nämlich daß die Sünden einer anderen Person durch Berührung auf einen selbst übergehen.

Sai: Darum sollten *Devotees* nicht die Füße irgendeines Swamis berühren. Da man nicht weiß, wer gut und wer schlecht ist, sollte man am besten jede Berührung vermeiden.

Besucher: Ist das der Grund dafür, daß die Inder bei der Begrüßung die eigenen Handflächen aneinanderlegen, anstatt sich die Hände zu schütteln, wie es im Westen üblich ist?

Sai: Nein, das ist nicht der Grund.

H: Meint Swami, daß ich die gleiche Sünde begehe wie die Person, die ich berühre?

Sai: Wenn die zarte Pflanze der Liebe zu Gott zu wachsen beginnt, muß sie beschützt werden. Ein junger Baum kann durch die Tiere, die seine Blätter fressen, zerstört werden. Um ihn davor zu schützen, umgibt man ihn mit einem Zaun. Wenn der Baum groß geworden ist, braucht er diesen Schutz nicht mehr. Dieselben Tiere, die den jungen, ungeschützten Baum hätten zerstören können, finden nun Schutz und Schatten unter seinen Zweigen. Wenn die hingebungsvolle Liebe zu Gott stark und intensiv geworden ist, wird sie alle Sünden verbrennen. Bis dahin muß einer, dessen Liebe noch im Wachsen begriffen ist, das Schlechte als schlecht und das Gute als gut ansehen. Diejenigen, deren Liebe zu Gott unerschütterlich ist, sehen nur das Gute, d.h. sie sehen das Gute auch im Schlechten. Die Gefahr liegt nicht nur in der körperlichen Berührung, sondern auch in der geistigen Intimität, durch die schlechte Einflüsse von einem auf den anderen übergehen können. Eure Kinder sind nicht eure, sondern Gottes Kinder. Ihr sollt sie lieben, aber euer Denken darf nicht auf sie übergehen. Es besteht eine körperliche Verwandtschaft mit der Mutter, in deren Körper ihr entstanden seid und mit der Großmutter, von der die Mutter kam. Schwestern und Brüder sollten mit Achtung behandelt werden. Aber mit anderen Leuten besteht keine körperliche Verwandtschaft.

24.

H: Ich gab Swami einen Ring, den ein *Yogi* materialisiert hatte. Ich wollte ihn nicht tragen und wußte nicht, was ich damit anfangen sollte. So schickte ich ihn durch einen Boten mit einem Bericht über den Vorgang an Swami.

Sai: Das war wieder ein gezielter Angriff anderer Interessengruppen. Du bist als ein *Devotee* von Baba bekannt, und das war ein Versuch, dein Interesse in eine andere Richtung zu lenken. Du solltest solche Versuche immer sofort zurückweisen.

H: Aber der Mann sagte, Swami habe ihn in seinem Haus besucht.

Sai: Das stimmt nicht. Das Gebiet ist sehr kommunistisch. Baba hat dort einmal einen klaren Beweis seines göttlichen Willens in Erscheinung treten lassen. Als sich aber daraufhin Ego und Geldmacherei breitmachten, hat Er damit aufgehört. Danach hat Er es noch einmal zugelassen, aber jetzt hat Er allem ein Ende gemacht. Aus Angst, ihren Ruf zu verlieren, arbeiten diese Leute jetzt mit Tricks.

H: Es schien aber ein sehr netter Mann zu sein.

Sai: Dem ist nicht so. In der dualistischen Welt gibt es immer gut und schlecht. Wenn ein *Avatar* kommt, muß auch das Schlechte immer in Erscheinung treten. *Rāmas* Stiefmutter war Seine Feindin. *Krishnas* Onkel war schon Sein Feind, bevor Er geboren war. *Shirdi Sai Baba* wurde vielfach angegriffen. Vor nicht allzu langer Zeit wollte ein Mann Swami auf die Probe stellen. Die Geschichte zog weite Kreise und wurde sogar in anderen Ländern verbreitet. Dieser Mann hatte eine Anzahl Ausländer auf seiner Seite. Einige *Devotees* drängten Swami, darauf zu antworten, aber das wäre entwürdigend gewesen. Dieser *Yogi* aß Nägel, Glas und Ähnliches. Er baute ein Spezialbecken, um darin auf dem Wasser zu gehen. Warum ein besonderes Becken? Das war der Trick. Er verkaufte Eintrittskarten für 100 Rupien und mehr. An dem festgesetzten Tag trat er auf das Wasser und versank. Die Polizei mußte ihn in Haft nehmen, um ihn vor der Menge zu schützen, und alles Geld wurde zurückerstattet. Jetzt sagten die Leute, was für ein Dummkopf er gewesen sei, Swami herauszufordern. Das Ergebnis dieser törichten Herausforderung war sein Unglück. Der Mann hat später an Swami geschrieben und jede ernste Absicht, Swami herauszufordern geleugnet. Er gestand, daß er Swamis Namen benutzt habe, um den Kartenverkauf zu fördern. Der Mann ist verschwunden, und man hört nichts mehr von ihm.

H: Aber Swami, wie konnte der Mann so töricht sein, auf dem Wasser laufen zu wollen, ohne es vorher versucht zu haben?

Sai: Der Mann konnte auf Wasser gehen! Aber Ego und Habgier gewannen die Oberhand, und damit war das Ende besiegelt. Gedanke, Wort und Tat müssen übereinstimmen.

25.

Während einer Autofahrt nach Anantapur sagte ein Amerikaner, der am Sathya Sai College in *Brindāvan* lehrte: "Swami, mich plagt ein Schuldgefühl, weil ich nicht im Unterricht bei meinen Schülern bin."

Sai: Weltliche Pflichten haben kein Gewicht, wenn Gott ruft. Gott ist das Ziel des Lebens und Sein Ruf hebt alle Pflichten auf. Wenn Swami nicht da ist, sondern auf Reisen, dann ist die Pflicht das allerwichtigste, denn Pflicht ist Gott.

H: Wenn ich nicht hier in Swamis physischer Gegenwart bin, sondern weit weg, in Amerika, weiß ich durch den jasminartigen Duft, der mich umgibt, daß Swami gegenwärtig ist. Jemand hat mir gesagt, daß dieser durch den Geruchsinn des feinstofflichen Körpers wahrgenommen wird. Ist das wahr?

Sai: Nein. Die Sinne gehören zum grobstofflichen Körper. Der feinstoffliche Körper hat keine Sinne. Der Duft wird vom grobstofflichen Körper wahrgenommen.

H: Hat der Mensch drei Körper?

Sai: Ja, es gibt Körper, Geist und Seele, d.h. den physischen (grobstofflichen), den feinstofflichen und den kausalen Körper. Beim Tode lösen sich der physische und der feinstoffliche Körper auf, aber der Kausalkörper bleibt bestehen.

H: Wie verhält es sich mit den fünf Hüllen *(kosha)*?

Sai: Die materielle Hülle, die Hülle der Lebenskraft und die der mentalen Funktionen sind vergänglich. Die Hüllen der höheren Intelligenz und des Glücksbewußtseins bleiben bestehen. Der Körper ist Erde. Alles entspringt der Erde. Nur der Körper stirbt. Das Leben und alle Sinne verschmelzen mit dem Mentalen. Das Mentale wird Weisheit und Weisheit geht auf im Glücksbewußtsein, in Gott. Das sind die fünf Hüllen.

H: Was sind die vierzehn Welten *(loka)*?

Sai: Diese sind eigentlich Bewußtseinsebenen. Es gibt sieben, die nach oben und sieben, die nach unten führen.

H: Swami, manche Leute behaupten, daß sie sich auf der Astralebene bewegen können, indem sie sich geistig dorthin versetzen.

Sai: Das ist etwas Ähnliches wie Träume oder Visionen. Sie sind nicht wirklich. Eine Vision jedoch, die in der Meditation erscheint, ist etwas Wirkliches.

H: Die Uhr zeigt die Zeit an, und jede Minute auf der Uhr ist der anderen gleich. In unserem Leben jedoch vergeht uns die Zeit manchmal langsam und ein andermal besonders schnell.

Sai: Hislop legt sich in Bombay schlafen. Er träumt, daß er in Kalifornien geboren wird und dort fünfundsechzig Jahre seines Lebens verbringt. Doch diese fünfundsechzig Jahre durchlebt er in nur zwei Minuten der Uhrzeit. Hislop hat sich in Bombay zum Schlaf niedergelegt, und dort ist auch sein Körper. Das ist der Beweis dafür, daß Hislop nicht dieser Körper ist. Für einen, der höheres Wissen *(jnānī)* besitzt sind fünfundsechzig Jahre seines Lebens im Wachzustand nur ein Augenblick – genauso wie es für Hislop im Traum der Fall war.

H: Was ist der jetzige Augenblick?

Sai: Gott ist immer und überall gegenwärtig. Dieser Augenblick ist Gott. Es gibt nur Gott. Die Wahrheit ist in der Vergangenheit und der Gegenwart dieselbe und sie wird auch in der Zukunft dieselbe sein. Die Zeitfolge: Vergangenheit, Gegenwart und Zukunft ist nur Einbildung. Aber das "Ich" ist zeitlos, jenseits der Zeit. Das "Ich" schaut auf Vergangenheit, Gegenwart und Zukunft; diese sind nicht das "Ich". Natürlich müssen Vergangenheit, Gegenwart und Zukunft im täglichen Leben in Betracht gezogen, d.h. alle Aspekte der Zeit müssen gleichzeitig berücksichtigt werden. Wann immer man im täglichen Leben mit der Zeitfolge rechnet und umgeht, sollte man sich der Tatsache bewußt sein, daß die Zeitfolge nur eine Illusion und daß das "Ich" zeitlos, jenseits der Zeit ist.

H: Wenn die Zeit unwirklich ist, wie sollten wir dann Vergangenheit, Gegenwart und Zukunft erleben?

Sai: Sie sind unwirklich. Das ewige Selbst *(ātman)* hingegen ist wirklich. Haltet euch an diese zentrale Wahrheit. Es gibt keinen Grund zur Verwirrung.

Die höhere Intelligenz vermag die Erfahrung von relativer Zeit mit dem ewigen Selbst in Übereinstimmung zu bringen. Auch jetzt, in diesem

Augenblick, hört und seht ihr, und die höhere Intelligenz koordiniert beides.

H: In diesem Augenblick erscheint es uns, als ob wir so seien, wie wir in diesem Augenblick sind! Wenn Swami uns mit Seinen Augen anschaut, was sieht Er?

Sai: Der Mensch hat zwei Augen; er sieht nur Vergangenheit und Gegenwart. Gott hat drei Augen. Seine Augen sehen die spirituelle Wirklichkeit. Sie sehen, was vorne, hinten, oben und unten ist. Wie der Rosenkranz, den man über den Mittelfinger gleiten läßt – der Mittelfinger ist die Gegenwart, und er ist in Berührung mit der Vergangenheit und der Zukunft (symbolisiert durch Daumen und Zeigefinger, Anm. d.Übers.). Gott ist die Gegenwart. Er ist allgegenwärtig. Wenn Baba die Menschen anschaut, sieht Er ihre Vergangenheit, den gegenwärtigen Augenblick, ihre Zukunft und alle Zusammenhänge.

26.

Besucher: Wenn ich Swamis Bild zu Hause auf meinem Schreibtisch betrachte, erhalte ich Anweisungen von Swami. Er befahl mir, zu dieser Konferenz zu kommen.

Sai: Du denkst an Sai und spürst gewisse Regungen.

Besucher: Ich betrachte Swamis Bild und stelle Ihm Fragen, die die Probleme anderer betreffen. Dann bekomme ich Antwort und Seine Anweisungen für diese Leute. Ist das richtig?

Sai: Nein, das ist nicht richtig. Für dich selbst magst du fragen, aber du solltest dich nicht als Vermittler zwischen einen anderen und Sai stellen. Das ist ein falscher Gedanke.

Besucher: Welches sind die sechzehn Merkmale eines *Avatars*? Ich habe verschiedentlich gefragt, und niemand weiß es.

Sai: Der Unterschied zwischen Mensch und *Avatar*? Es gibt fünfzehn Faktoren, die das Leben des Menschen beeinflussen. Das sind die fünf ausführenden Organe, die mit dem Sprechen, Greifen, Laufen, Essen und Ausscheiden zu tun haben, die fünf Sinnesorgane, die das Hören, Fühlen, Sehen, Schmecken und Riechen ermöglichen und die fünf Elemente, nämlich Erde, Wasser, Feuer, Luft und Äther. Der Mensch beherrscht sie nicht, sondern steht unter ihrem Einfluß. Wenn er beginnt, die Herrschaft über sie zu gewinnen, nähert er sich dem sechzehnten, dem allwissenden Überselbst *(paramātman).*

H: Man kann beobachten, daß Leute Kokosnüsse vor Swamis Auto aufbrechen, wenn Er *Prashanti Nilayam* verläßt. Was hat das zu bedeuten?

Sai: Solange Wasser, das das weltliche Verlangen darstellt, in der Nuß ist und solange das Fruchtfleisch an der Schale haftet, solange keimt die Nuß, wenn sie gepflanzt wird. Wenn die Nuß altert, ohne gepflanzt zu werden, vertrocknet das Wasser, das Fruchtfleisch löst sich von der Schale, und die Nuß kann nicht mehr keimen. Die Nuß wurde wegen der drei Augen als Symbol gewählt – sie stellen die beiden physischen Augen und das (ungeöffnete) Auge der Weisheit dar. Das Aufbrechen der Nuß symbolisiert das Aufbrechen des verschlossenen Herzens und die Bitte an den Herrn, den Inhalt anzunehmen. Das ist Hingabe! Nichts von dem was im Innern ist, kann verheimlicht werden, und wenn die Nuß aufgebrochen ist, kann sie nicht mehr keimen.

27.

Sai: Mr. X ist ein großer Gelehrter mit verschiedenen akademischen Titeln. Er hat sein Leben mit spirituellen Übungen im Himalaya und an anderen Orten verbracht.

H: Ich glaube, daß gegen Titel nichts einzuwenden ist, das einzige Wissen jedoch, für das sich dieser Mann interessiert, ist das Wissen, das in Swamis Lehren enthalten ist. Das ist, als ob man die größte Goldader der Welt gefunden hätte. Warum sollte man sich mit etwas anderem beschäftigen?

Sai: Es ist gut, daß du das Gold erwähnst. Goldadern sind nicht nur auf einen Ort in der Welt beschränkt, aber das Gold kann nur von bestimmten Leuten gefunden werden. Ebenso ist Gott nicht nur auf einen Ort beschränkt. Er ist überall, und Er kann an jedem Ort gefunden werden von denen, die reinen Herzens sind. Damit meine Ich: von denen, deren Herz von Liebe erfüllt ist.

H: Zweifellos gibt es überall Gold, aber nur selten werden große Goldschätze gefunden. Genauso ist es mit Wasserquellen. In Baba finden wir die Quelle göttlicher Liebe.

Sai: Quellwasser ist oft verschmutzt. Man muß tiefer graben, um reines Wasser zu finden. Der eine muß 30 Meter tief graben, der andere mag reines Wasser schon in 12 oder 3 Meter Tiefe finden. Im spirituellen Leben ist es dasselbe. Wieviel Anstrengung dazu nötig ist, die göttliche Güte und Liebe zu finden, hängt von der Reinheit des Herzens ab.

H: Kann man den Weg zur Vereinigung mit Gott nur durch die Kraft der Liebe zu Ihm finden? Oder gibt es noch andere wichtige Faktoren?

Sai: Das beste für einen Menschen ist es, die Liebe Gottes auf sich zu ziehen. Seine Liebe zu Gott ist weniger wichtig, da diese eine unvollkommene Mischung göttlicher und weltlicher Liebe ist. Um die Liebe Gottes zu erlangen, ist Rechtschaffenheit *(dharma)* das allerwichtigste. Auf einer Fläche mögen Gold, Silber, Kupfer, Eisenspäne, Diamanten, Rubine, Seidenstoffe und andere wertvolle Dinge ausgebreitet sein. Der Magnet aber beachtet nicht den Wert, sondern zieht nur die Eisenspäne an. Ebenso ist es mit den Gläubigen. Gott sieht nicht den Reichtum, sondern schaut nur auf die Reinheit des Herzens.

H: Swami spricht von "Gott anschauen". Bitte erkläre das.

Sai: Wenn zwei Personen einander ansehen, tauchen ihre Augen ineinander, und sie unterscheiden sich nur in Name und Form. Sonst sind sie eins. Es ist wichtig, Gott zu schauen und eins mit Ihm zu werden. Das ist der Grund, weshalb man in einem Tempel ganz natürlich die Augen schließt, um mit dem Auge der Weisheit zu sehen, statt mit den physischen Augen.

Besucher: Das Wort "*sādhana*" wird an so vielen verschiedenen Stellen erwähnt.

Sai: *"Sādhana"* bedeutet nur das Ersetzen schlechter Tendenzen durch die göttlichen Eigenschaften des Überselbst *(ātman)*. Der menschliche Geist hat zwei schlechte Eigenschaften: seine Tendenz, nicht gerade, sondern krumme Wege zu gehen, und seine Neigung, alles, was er sieht, haben zu wollen. Er kann mit einer Schlange verglichen werden, die sich durch Verdrehungen fortbewegt und alles beißt, was ihr in den Weg kommt. Der menschliche Geist muß den geraden Weg zu Gott gehen, indem er Ihm direkt ins Angesicht schaut.

H: Baba sagt: "Warum fürchtet ihr euch, wenn Ich doch hier bin?" Das muß eine tiefere Bedeutung haben. Will Baba darüber sprechen?

Sai: "Ich bin" bezieht sich auf das göttliche Sein *(ātman)*, das immer und überall gegenwärtig ist. Es gleicht dem Löwen, der keine Furcht kennt. Furcht ist an den Körper gebunden, der Sorgen und Depressionen, Zittern und Zagen durchlebt. Er ist wie ein Schaf, das hierhin und dorthin rennt, immer voller Fragen und auf der Suche nach Antworten. Das wahre Selbst *(ātman)* dagegen ist wie der Löwe: mutig und furchtlos. Es ist Gott. Du bist Gott. Gott ist allgegenwärtig. Du bist dieses "Ich" und auch jenes "Ich". Du bist alles.

Besucher: Was ist *"jnāna"*?

Sai: *"Jnāna"* bedeutet Wissen, Wissen um die Zusammenhänge des Lebens in der Welt. Höheres Wissen ist Weisheit. Liebe gibt und vergibt, Selbstsucht nimmt und vergißt. Liebe heißt sich ausweiten, sich verströmen. Selbstsucht heißt sich zusammenziehen, sich verengen.

28.

Besucher: Ich bin verwirrt, denn ich sehe überall in der Welt Schlechtigkeit.

Sai: Hier ist eine Banane. Die Schale ist für uns nutzlos, und so wird sie als schlecht angesehen. Aber ohne die Schale wäre das Innere nicht geschützt. Beurteilt nichts als schlecht. Wenn euch jemand einen Schaden zufügt und ihr euch rächt, weil ihr über seine "Schlechtigkeit" in Zorn geratet, dann seid auch ihr schlecht. Bleibt ihr jedoch gut und haltet den anderen nicht für schlecht, erwerbt ihr das Recht, ihn zu ändern. Wenn ihr Räucherstäbchen in einem Raum anzündet, in dem die Luft schlecht ist, verändert der Wohlgeruch die Luft des Raumes. Schlechten Handlungen sollte man mit guten Taten und mit positiver Haltung begegnen, dann wird sich das Schlechte ändern. Der Unterschied zwischen gut und schlecht ist auch eine Folge der Zeit. Wenn wir Nahrung zu uns nehmen, ist diese gut. Im Verlauf der Zeit verändert sie sich, wird ausgeschieden und als schlecht bezeichnet. Die Wahrheit dagegen bleibt immer dieselbe und ändert sich nicht im Laufe der Zeit. Der Ablauf der Zeit besteht also nur in der Vorstellung.

H: Man könnte denken, manche Menschen seien durch und durch schlecht, so schlimm sind ihre Verbrechen.

Sai: Niemand ist durch und durch schlecht, denn Gott wohnt im Herzen eines jeden Menschen. Eine Mutter und ihr Sohn mögen vor Gericht um die Erbschaft prozessieren, aber die Beziehung von Mutter und Sohn bleibt bestehen. Zwei Menschen, die sich hassen, leben als Nachbarn in zwei Häusern, und jeder hat ein Bild von Baba über der Tür hängen. Das Haus stellt den Körper dar, und Babas Bild repräsentiert den in der Seele wohnenden Gott. Das Verhalten eines Menschen mag der Korrektur bedürfen, und es ist das Beste, die Anziehungskraft der Liebe auf ihn wirken zu lassen. Es gibt das absolut Gute, aber nichts ist absolut schlecht. Das Schlechte ändert sich, es ist ein verzerrter Aspekt des Guten. Mit dem normalen physischen Wahrnehmungsvermögen ist es jedoch nicht möglich, gut und schlecht als eins zu sehen. Nur wer um den göttlichen Funken in sich selbst und in anderen weiß, kann gut und schlecht als ein und dasselbe erkennen. Wenn man sich die Wahrheit, daß nur das Gute wirklich ist und daß alles, was man sieht, dem Wesen nach gut ist, als Anschauung zu eigen machen kann, erwirbt man große Stärke. Die Gebildeten mögen über die Welt diskutieren und behaupten, alles sei nichts als Leid und Illusion, aber sie können niemals hoffen, wirklich zu leben, ohne die Welt zu lieben. Liebe darf nicht außer acht gelassen werden. Im Hinblick auf die materielle Erscheinungsform mag die Welt als unwirklich angesehen werden, vom transzendenten Gesichtspunkt aus betrachtet ist sie aber wirklich.

H: Wir haben Swami über schlechte Menschen befragt. Wie steht es aber um die armen Opfer verbrecherischer Handlungen?

Sai: Alle Menschen sind gut, aber es gibt schlechte Handlungen und deren Auswirkungen. Was die Opfer schlechter Handlungen betrifft, so ist alles vollkommen in Ordnung. Ihr seht nur die Gegenwart. Baba sieht auch die Vergangenheit. Ein vierjähriger Junge wurde wegen seiner Goldkette, die er um den Hals trug, überfallen. Die Räuber blendeten den Jungen, damit er sie nicht identifizieren konnte. Die Eltern weinten sehr. Sie kamen zu Baba. Im vergangenen Leben war der Junge ein grausamer Mann gewesen, der mehrere Menschen geblendet hatte. Der Junge wird blind bleiben. Wenn er aber als Mann in sich geht und zu verstehen beginnt, daß seine Blindheit die Folge seiner eigenen Fehler in der Vergangenheit ist, wenn er seine schlechten Eigenschaften zutiefst bereut, ehrliche Anstrengungen macht, sich zu ändern, und Gott um Vergebung bittet, dann mag Baba ihm seine Handlungen vergeben und das Augenlicht wiedergeben.

H: Wie sollen wir uns sogenannten "schlechten" Menschen gegenüber verhalten?

Sai: Obwohl alle Menschen Brüder sind, solltet ihr die Gesellschaft derer meiden, die einen schlechten Einfluß ausüben. Laßt die Seelen eins sein in Gott, aber haltet euch von ihnen fern.

H: Oft ist es schwer, eine richtige Entscheidung zu treffen. Wie kann man das Unterscheidungsvermögen schärfen?

Sai: Jeder Mensch hat die Fähigkeit, zwischen richtig und falsch zu unterscheiden. Falsche Handlungen erzeugen Schuldgefühle. Richtiges Handeln dagegen befreit den Menschen von dieser Furcht vor Schuld.

29.

H: Manchmal, Swami, hört man Geräusche wie gewöhnlich, aber jeder Laut ist von einer Stille umgeben, und es ist die Stille, die man hört.

Sai: Die Stille, welche die Geräusche der Umwelt umgibt, ist Gott. Innerhalb dieser Stille schwingt der ewige Ton des *"OM"*. Es gibt nur einen Laut, und das ist *"OM"*! Jeder andere Laut entspringt dem *"OM"*.

H: Man ist sich einer Kraft, einer Stärke bewußt, die im Innern aufsteigt. Was ist das?

Sai: Diese Lebenskraft muß Gott zugewendet werden.

H: Wie kann man diese Kraft dirigieren?

Sai: Durch Glauben und Liebe. Wie zarte Pflanzen müssen sie gepflegt werden. Der Keim kann nicht mit Gewalt gezwungen werden, zu einem Baum heranzuwachsen.

H: Baba hat erzählt, daß *Rāmakrishna Paramahamsa Vivekānanda* durch bloße Berührung zur Selbstverwirklichung verholfen hat.

Sai: Ja, aber das war nur vorübergehend. Die Wirkung verschwand nach einiger Zeit. *Vivekānandas* starkes Temperament brach wieder durch, und er mußte sich durch spirituelle Übungen *(sādhana)* selbst weiter entwickeln. Was *Rāmakrishna* erreicht hatte, war, die Richtung von *Vivekānandas* Leben zu ändern. Seine Neigung, auf die materialistische Ebene herabzusinken, verwandelte er in einen Aufstieg zu spirituellem Bemühen. Ohne dieses Erlebnis hätte *Vivekānanda* sein materialistisches Leben fortgesetzt.

H: Kann man sagen, daß unser Leben allein dadurch, daß wir Baba hier sehen dürfen, die gleiche Umkehr erfährt wie das *Vivekānandas* durch die Berührung *Rāmakrishnas*?

Sai: Baba arbeitet nicht so. Er ändert das Leben Seiner *Devotees* langsam und allmählich. Aber die Änderung ist von Dauer.

H: Wie sollte man Swami zuhören, wenn Er mit jemandem spricht oder einen Vortrag hält? Swamis Worte haben doch so viele Bedeutungen auf tieferen Ebenen.

Sai: Swami spricht zu euch als Mensch mit Seiner Stimme. Hört Ihm ganz natürlich zu. Früher oder später werden Körper und Geist wegfallen, und was bleibt, ist unmittelbares, göttliches Verstehen.

H: Wir hören Swami oft sagen: "Ja, ja, ja".

Sai: "Ja, ja, ja" bezieht sich auf das innere Akzeptieren. Der Mensch begegnet in seinem Leben den verschiedensten Situationen. Er hat die Tendenz, "ja" zu dem zu sagen, was ihm gefällt, und "nein" zu dem, was ihm nicht gefällt. Das ist ein großer Fehler. Swami sagt "ja, ja, ja" zu allem, was Ihm begegnet. Alles ist eine Gabe Gottes. Jede Erfahrung, die Gott den Menschen machen läßt, ist gut. Durch aufrichtiges, liebevolles Suchen kann das "Gute" in jeder Erfahrung gefunden werden. "Ja, ja, ja" bezieht sich auf das innere Annehmen. Aber es gibt gute und schlechte Handlungen. Das ist eine Tatsache. Das "Ja, ja, ja" verändert sie nicht. Ein Mann verschließt seine Wertsachen in einem Tresor und nimmt den Schlüssel mit sich. Er denkt, mit dem Tresor gehe er auf Nummer Sicher, aber Diebe stehlen den ganzen Tresor und brechen ihn auf. Es kommt also darauf an, den wahren Sachverhalt einer Situation zu verstehen.

H: Es gibt so viele innere und äußere Aufgaben, die man zu erfüllen hat! Das spirituelle Leben scheint sehr schwierig zu sein.

Sai: Grundvoraussetzung für ein spirituelles Leben ist Selbstvertrauen, das Bewußtsein, das göttliche Selbst *(ātman)* zu sein. Spirituelles Leben ist leicht. Es gibt Anfangsschwierigkeiten wie bei jedem Lernprozeß, aber es ist leicht. Ein umgekehrtes Faß bleibt auch bei dem stärksten Regen trocken. Im aufgestellten Faß dagegen sammelt sich bei dem geringsten Regen Wasser an. Wenn das Herz Gott zugewandt ist, wird es mit Sicherheit Gnade empfangen. Wenn Interesse und liebevolle Hingabe intensiv sind, wird die Gnade das Faß füllen. Das Leben in der materiellen Welt bringt unendliche Mühsal, während spirituelles Leben einfach ist. Die notwendige Konzentration hat man bereits. Wiedergeboren zu werden bedarf keiner Anstrengung. Nicht wiedergeboren zu werden bedarf großer Anstrengung. Reich zu werden kostet viel Arbeit. Arm zu bleiben erfordert keine Arbeit.

30.

H: Im Wachzustand kann man erkennen, daß die Traumerfahrung eine Projektion des eigenen Unterbewußtseins ist. Swami sagt, auch der Wachzustand sei ein Traum. Aber von welcher Position aus können wir erkennen, daß der Wachzustand nur ein Traum ist?

Sai: Man mag träumen, man sei ein Kind, gehe zur Schule, heirate, werde Vater, stehe im Beruf – eine Folge, die fünfundvierzig Jahre eines Lebens umfaßt. Der Traum mag um 3 Uhr 15 morgens beginnen und um 3 Uhr 17 enden. In zwei Minuten Wachzustand-Zeit hat der Träumer fünfundvierzig Jahre Traum-Zeit durchlebt. Wenn der Wachzustand transzendiert wird, kann man auch ihn als Traum erkennen, und eine Lebensspanne im Wachzustand dauert vom transzendenten Zustand aus gesehen nur einige wenige Augenblicke. Der Wachzustand wird dann als Traum erkannt und der Traumzustand als Traum in einem Traum. Der Traumzustand ist unwirklich in der "Wirklichkeit" der Welt; der Wachzustand wird als wirklich angesehen in einer Welt, die unwirklich ist. Der transzendentale Zustand dagegen ist im absoluten Sinn wirklich. Im Traumzustand wird das "Ich" für den Körper gehalten und im Wachzustand für die Persönlichkeit; im transzendentalen Zustand wird das "Ich" als Gott erkannt.

H: Aber Swami, da gibt es noch einen anderen Unterschied zwischen dem Traum- und dem Wachzustand. Im Traumzustand zweifelt man nicht an seiner eigenen Wirklichkeit. Im Wachzustand dagegen bestehen große Zweifel. Im Wachzustand kann man nicht glauben, daß man selbst wirklich ist. Man sieht sich als einen Schatten und nicht als eine wirkliche Person, die sich betätigt.

Sai: Du siehst dich selbst als einen Schatten. Das ändert sich, und du erfährst dich als wirklich. So geht es immer hin und her. Du siehst dich wie die zwei Seiten einer Münze: Vorder- und Rückseite.

H: Ja, so ist es.

Sai: Das ist aber nicht die übliche Erfahrung des Wachzustandes. Es ist der durch spirituelle Übungen *(sādhana)* erreichte Zustand eines *Yogi.* Normalerweise erfahren die Menschen den Traumzustand während des Träumens und den Wachzustand während des Wachseins als wirklich. Deine Erfahrung ist die des bedingten Monismus. Im non-dualistischen Zustand *(advaita)* wird sogar der Schatten als Spiegelbild des Göttlichen gesehen.

Sai: (zu den Studenten in der Gruppe): Es ist notwendig, diese Dinge zu verstehen, auch wenn sie schwer zu begreifen sind.

Sai (zu Hislop): Was hast du da unter deinem Hemd?

H (indem er eine Kette, an der ein Ring hängt, von seinem Hals nimmt und sie Swami gibt): Das ist der Ring, den Swami mir gab und der zerbrochen ist.

Sai (nachdem Er den Studenten den Ring gezeigt hat): Was möchtest du haben?

H: Alles, was Swami gefällt, macht mich glücklich. (Sai hält den zerbrochenen Ring zwischen Daumen und Zeigefinger und bläst darauf. Augenblicklich ist da ein neuer Ring, den Er den Studenten zum Herumreichen gibt. Als der Ring zurückkommt, nimmt Er Hislops Hand und steckt ihn an seinen Ringfinger. Es ist ein goldener Ring mit einem feinen Filigranmuster. Der große, glänzende Stein ist oval und zeigt das lächelnde Portrait Babas auf einem hellblauen Hintergrund).

Sai: In der Welt sind alle Personen und Materialien – das Metall, der Stein, der Goldschmied und der Empfänger des Ringes – getrennt und müssen zusammengebracht werden, um den Ring entstehen zu lassen. In Swamis Welt dagegen ist alles eins, und das Eine ist Gott. In der Welt braucht alles Zeit, aber Gott ist jenseits der Zeit: Der Ring ist sofort fertig.

Besucher: Es wäre interessant, wenn Baba etwas Großes erschaffen würde.

Sai: Durch das Annehmen eines Körpers hat Swami sich selbst gewisse Begrenzungen auferlegt. Swami hat goldene Statuen erschaffen und könnte ebenso leicht einen Berg von Gold entstehen lassen. Aber dann würde die Regierung Ihn isolieren und niemanden zu Ihm lassen. In Babas Leben gab es bis zum 16. Jahr "göttliche Spiele" *(līlā)*, vom 16. bis 35. Jahr "Wunder", die Zeit vom 35. bis 60. Jahr ist gekennzeichnet durch Belehrungen und "Wunder". Auch nach dem 60. Lebensjahr wird Swami Seinen *Devotees* nahe sein. Dieser Körper wird 96 Jahre alt werden und immer jung bleiben.

31.

H: Das Kruzifix, die metallene Figur Christi am Kreuz, die Swami materialisiert hat, scheint bei starker Vergrößerung mehr oder weniger mit Beulen bedeckt zu sein. Was ist das?

Sai: Das ist geronnenes Blut. Der Körper war in schlechter Verfassung. Er war gequält worden und voller Wunden. Im Augenblick des Todes kam das Blut zu einem plötzlichen Stillstand, und die Beulen sind Blutgerinsel.

H: Swami, auf einer Vergrößerung des Photos der Figur sieht es aus, als ob die Nase verletzt sei.

Sai: Die Nase ist unverletzt. Was man sieht, ist eine dicke Blutkruste. In der Vergrößerung erkennt man, daß es das Gesicht eines Toten ist. Swami hat ein Abbild des Körpers geschaffen, wie er nach Eintritt des Todes war.

H: Da es Bilder gibt und die Geschichte und die Bilder in Büchern veröffentlich worden sind, wird die kleine Figur an dem Kreuz sehr berühmt. Was soll mit ihr geschehen? Soll sie dem neuen Sathya Sai Museum übergeben werden?

Sai: Für das Sathya Sai-Museum wird Swami eine große Christus-Figur schaffen. Die kleine war für dich. Behalte sie.

Sai: Was hältst du von Weihnachten?

H: Ich war niemals richtig am Christentum interessiert, aber seit Swami das Kruzifix geschaffen hat, habe ich mich mehr damit beschäftigt.

Sai: Ich meine, was Weihnachten bedeutet?

H: Weihnachten bedeutet die Geburt Christi.

Sai: Der 25. ist nicht der Geburtstag. Es war am 24. um Mitternacht.

H: Kürzlich habe ich etwas sehr Interessantes über die christliche Religion entdeckt. Den frühen christlichen Kirchenvätern der Ost-Kirche war etwas bekannt, wovon die modernen Christen keine Ahnung haben. Diese frühen Kirchenväter lehrten, man solle ununterbrochen sagen: "Herr Jesus Christus, erbarme Dich meiner." Man wiederholt ununterbrochen den Namen Christi, bis der Name ins Herz sinkt, wo diese Wiederholung unaufhörlich weitergeht. Während der Wiederholung des Namens stellt man sich in Gedanken die Form Christi vor. Ich habe das alles in einem alten, aus dem Russischen übersetzten Buch mit dem Titel "Aufrichtige Erzählungen eines russischen Pilgers" gefunden.

Sai: Im Laufe der Zeit gehen die wesentlichen Grundsätze eines spirituellen Weges verloren. Die christlichen Mystiker begannen etwa neunzehn Jahre nach dem Tode Christi mit der Rezitation Seines Namens.

Später trat die menschliche Natur in den Vordergrund, und das Göttliche wurde beiseite geschoben und vergessen. Das Wissen um den spirituellen Weg, das zur Zeit *Rāmas* vorhanden war, war nicht mehr da, als *Krishna* kam. Was *Krishna* lehrte, war vergessen, als Sai kam. Das Gleiche geschah bei den Buddhisten, den Moslems und den Jains.

H: Was die frühen christlichen Mystiker lehrten, war ganz bestimmt das Kernstück der christlichen Religion; aber man hört davon bei den Christen heute nichts mehr.

Sai: Was ist deine Arbeit in Amerika?

H: Ich bin im Ruhestand und nicht mehr berufstätig.

Sai: Wie verbringst du dann deine Tage?

H: Den größten Teil des Tages verbringe ich mit Swami. Der Morgen beginnt mit Swami, und Er begleitet uns durch den Tag. Ich arbeite viel am Schreibtisch und versuche, meine Finanzen in Ordnung zu bringen. Es gibt auch viel Arbeit im Haus. Aber in Wirklichkeit ist Swami unser Leben. Unser Unterscheidungsvermögen und unsere unmittelbare Erfahrung sagen uns, daß Baba Gott ist – was kann es da noch anderes geben?

Sai: Das ist eine gute Gelegenheit für dich, Sais Lehren zu studieren.

H: Swami muß mir sagen, was Er von dem Vorstand des Zentralkomitees von Amerika erwartet. Das wird ja von nun an meine Arbeit sein.

Sai: Um die Sathya Sai-Zentren zu besuchen, wirst du viel reisen müssen. Da du jetzt nichts mehr verdienst, solltest du das nicht aus deiner eigenen Tasche bestreiten.

H: Um das Geld mache ich mir keine Sorgen. In finanziellen Dingen bin ich völlig unfähig, und es kann nur Swamis Gnade sein, daß ich noch nicht vollkommen pleite bin. Wenn ich die Zentren besuche, wird man Vorträge von mir erwarten. Worüber soll ich sprechen?

Sai: Sprich über die Grundsätze des spirituellen Lebens, über die Dinge, von denen Swami sagt, daß sie notwendig sind, um Gott zu erreichen. Sprich über spirituelles Leben im Sinne von Disziplin, hingebungsvoller Liebe und spirituellen Übungen *(sādhana)*. Sei klar, tue in Ruhe deine Pflicht und zu gegebener Zeit wird das Ziel erreicht werden.

H: Swamis Lehren sind klar genug, und darüber kann ich sprechen.

Sai: Das Wichtigste ist, daß die Sai-*Devotees* tolerant sind. Sie sind nicht gewohnt, zwischen den vielen *Gurus* und den verschiedenen spirituellen Wegen zu unterscheiden. Sie hatten nicht die persönliche Begegnung mit Swami wie du. Außerdem hast du dich früher mit spirituellen Fragen beschäftigt und viele andere nicht. Du mußt sie unterstützen und mitreißen.

H: Die neuen Regeln für Sai Baba-Zentren, die in den "Richtlinien" festgelegt sind, werden viele von ihnen in Aufruhr versetzen.

Sai: Das wird der Fall sein. Die Sai-Zentren müssen den besonderen Charakter dieser Organisation widerspiegeln. Ein Sathya Sai Baba-Zentrum darf sich nicht mit den vielen *Gurus* und ihren verschiedenen geistigen Richtungen beschäftigen. Wir haben ein Ziel. Swami hat den Weg, dem es zu folgen gilt, gezeigt, und diesen Weg müßt ihr gehen. Die Leiter der Zentren müssen in ihrem Verhalten ein Vorbild sein.

H: Im Augenblick befassen sich nicht alle Zentren ausschließlich mit Sai Babas Lehren.

Sai: Im Augenblick bilden einige eine Organisation für sich und benutzen den Namen des Sai-Zentrums, um ihre eigenen Interessen wahrzunehmen. Einige der Leiter betreiben *Yoga* als Geschäft und benutzen den Namen Sai als ein Mittel, um bessere Geschäfte zu machen.

H: Was soll man in diesem Fall tun? Bildet der prominente Leiter einer Gruppe eine Ausnahme von der Regel? Ich meine die Regel, daß der Leiter eines Sai-Zentrums keinen *Yoga*-Unterricht oder irgendeinen anderen Unterricht über spirituelle Themen gegen Bezahlung geben darf?

Sai: Swami ist sich nicht bewußt, Ausnahmen zu machen.

H: Ich verstehe. Für jeden gilt dieselbe Regel. Aber eine solche Person wird einwenden, daß sie vollkommen unabhängig von dem *Yoga*-Unterricht doch Leiter des Sai- Zentrums bleiben kann.

Sai: Wie ist das möglich? Das führt doch gerade zu den Verwicklungen. Diese Leute müssen sich für den einen oder anderen Weg entscheiden. Beide Wege gleichzeitig zu gehen, ist nicht möglich. Und das gilt für jeden. Diejenigen, die sich entschließen, ihrer Organisation eine andere Richtung zu geben, haben natürlich die Freiheit, das zu tun.

H: Einer der Leiter, den ich kenne, hat eine gespaltene Persönlichkeit. Auf der einen Seite ist er außergewöhnlich gütig. Wenn ihn aber das Verhalten eines Mitgliedes der Gruppe ärgert, "explodiert" er und stürmt davon.

Sai: So ist es in der Welt. Man soll freundlich mit den Menschen sein; wenn sie aber etwas Falsches tun, müssen sie streng zurechtgewiesen werden. Swami tut das auch. Denen, die Seinen Lehren folgen und Ihm gehorchen, gibt Er alles. Er erfüllt alle ihre Wünsche und befriedigt ihre Bedürfnisse. Wenn sie aber nach langer liebevoller, geduldiger Behandlung immer noch ungehorsam sind, bestraft Er sie ernstlich. Er tut das aus Liebe und weil Er weiß, daß der Charakter eines solchen Menschen ohne Bestrafung verderben würde.

H: Das ist aber ein gewaltiger Unterschied. Wenn Swami bestraft, dann kommt die Strafe von Gott, dem Allmächtigen. In dem anderen Fall ist es der Leiter einer Gruppe, ein Mensch mit allen seinen Fehlern, der die Strafe erteilt.

Sai: Ja, das stimmt. Sai belohnt und bestraft ohne Ego. Wenn ein Mensch belohnt oder bestraft, spielt auch das eigene Interesse eine Rolle.

H: Ja, das Selbstinteresse ist vorhanden. Als derjenige, von dem ich sprach, einmal einigen Leuten, die in Schwierigkeiten waren, mit bemerkenswerter Großzügigkeit geholfen hatte, knüpfte er Bedingungen daran, die oberflächlich betrachtet auch großzügig erschienen, die aber dazu führten, daß die anderen seine Großzügigkeit mit vielen Dienstleistungen bezahlen mußten.

Sai: Das war ganz richtig. Der Mann hat anderen geholfen, und diese sollten dankbar sein. Solange jemand einem anderen, der mit ihm auf gleicher Ebene steht, keine Dankbarkeit erweist, wie kann man dann von ihm erwarten, daß er Gott gegenüber dankbar ist?

H: Undankbarkeit gegen Gott ist meiner Meinung nach eine große Sünde.

Sai: Es ist falsch, undankbar zu sein. Undankbarkeit ist eine Sünde. Es gibt vier Arten von Menschen auf der Welt: Erstens jene, die in allem das Gute sehen. Zweitens die, welche das Schlechte für schlecht und das Gute für gut halten. Drittens jene, die sich kein Urteil bilden. Jede dieser drei Gruppen hat etwas für sich. Der vierten Gruppe gehören diejenigen an, die alles und jeden für schlecht halten. Sie sehen überhaupt nichts Gutes.

H: Von der vierten Gruppe kann es aber nur sehr wenige geben. Vielleicht unter den sozial und wirtschaftlich Schwachen?

Sai: Ganz im Gegenteil. Das ist die größte von allen Gruppen. Diese Einstellung ist kein besonderes Kennzeichen der armen Bevölkerungsschichten. Die ärmsten Bauern sind oft fest in unserer jahrtausendealten indischen Kultur verwurzelt und achten darauf, nicht gegen die alten Traditionen zu verstoßen. Sie fürchten, sonst eine Sünde zu begehen. Die Armen, die in die Nähe der Städte gezogen sind, verlieren die Beziehung zu ihrem kulturellen Erbe und leben in einer Welt, die sie für durch und durch schlecht halten. Die sogenannte gebildete Mittelklasse, die halb gebildet und halb unwissend ist, fürchtet sich nicht vor der Sünde, noch glaubt sie an Gott. Dadurch wird sie unmoralisch, korrupt, habgierig, zynisch usw., und ihre Welt sieht entsprechend aus.

H: Was Swami sagt, erinnert mich an den Westen. Es ist wahr, daß im Westen diejenigen, die korrupt sind, dem gebildeten Mittelstand angehören. Es sind diejenigen, die Reichtum, Autorität und Macht erlangen. Aber auch viele Arbeiter sind in ihrem Leben und in ihren Beziehungen korrupt. Ich glaube aber nicht, daß dieses Verhalten für die obere Klasse Amerikas bezeichnend ist.

Sai: Wenn du zur oberen Klasse diejenigen rechnest, die eine Tradition haben und die von ihren Eltern richtig erzogen wurden, dann würde das auch auf viele Bauern zutreffen, die in indischen Dörfern leben.

32.

Besucher: Swami, Herr X möchte einen Film über die sogenannten "Verlorenen Jahre Jesu" drehen. Er hat Erfahrung im Filmen und ist ein Sai *Devotee*.

Sai: Als Jesus fünfundzwanzig Jahre alt war, wurde er sich bewußt, daß er Christus war. Nach seinem 16. Geburtstag reiste er acht Jahre durch Indien, Tibet, den Iran und Rußland. Er wurde als Bettelmönch *(samnyāsin)* angesehen. Jesus hatte kein Geld. Seine Eltern waren sehr arm und überließen ihn schon in jungen Jahren sich selbst.

H: Wie kann man Gott auch in unangenehmen und unverträglichen Menschen sehen?

Sai: Wenn du einem unangenehmen Menschen begegnest, sei dir bewußt, daß der Herr auch in seinem Herzen wohnt. Halte dir das vor Augen und behandle ihn aus dieser Sicht so gut du kannst. Im Laufe der Zeit wird er darauf reagieren, und sein Wesen wird sich ändern. Man beurteilt die Menschen als gut oder schlecht, weil man sie nicht als Ganzes, sondern nur eine Seite von ihnen sieht. Denke an eine Mutter, die 1,80 m groß ist und ein Kind hat, das noch nicht laufen kann, sondern nur am Boden sitzt. Wird diese Mutter sagen; "Ich bin 1,80 m groß und stehe aufrecht. Ich werde mich nicht um dieses Kindes willen bücken." Neigt sie sich nicht zu dem Kind, weil sie es liebt? Als ein weiteres Beispiel können wir uns einen Akademiker mit vielen Diplomen vorstellen, der mit kleinen Kindern zu tun hat. Wird er sich weigern, den Kindern zu helfen, weil er so viel weiß? Den Kindern muß zuerst das A B C beigebracht werden. Sie müssen auf ihrer Ebene unterrichtet werden.

H: Die Augen sehen Körper. Wie kann man Gott sehen?

Sai: Braucht man eine Fackel, um den Mond zu sehen? Der Mond wird durch das Licht sichtbar, das er ausstrahlt. So ist es auch mit Gott. Man kann Ihn durch die Liebe wahrnehmen, die das Licht Gottes ist.

H: Swami sagt, wir seien blind – wie der Blinde, dem das Augenlicht fehlt – und unfähig, unsere eigene Göttlichkeit wahrzunehmen. In welcher Form sieht man seine eigene Göttlichkeit?

Sai: Der Blinde kann seinen Körper nicht sehen. Du kannst ihn sehen, weil du Augen hast. Aber du hast keine Augen, um deinen spirituellen Körper zu sehen. Du hast einen spirituellen Körper, der allgegenwärtig ist. Dieser Körper kann mit dem spirituellen Auge gesehen werden.

H: Würde Swami uns bitte das spirituelle Auge erklären?

Sai: O ja. Das spirituelle Auge ist das Auge Gottes. Erreicht Ihn, und das spirituelle Auge wird sich öffnen.

H: Was meint Swami, wenn Er sagt "in sich hineinsehen"? Was ist mit diesem "Sehen" gemeint?

Sai: "Nach innen sehen" bedeutet nicht, in diesen Körper aus Fleisch und Knochen hineinzusehen. Es bedeutet, die Sinne – wie in tiefer Meditation – hinter sich zu lassen.

H: Wenn man sich nach innen wendet, begegnet man Gefühlen. Frauen sprechen von Herz. Swami mißt dem Herzen Bedeutung bei. Was bedeutet das Wort "Herz"?

Sai: "Herz" ist innen, außen ist "Kunst". (Anm.d.Übers: Wortspiel im Englischen: "heart" und "art", beides in gleicher Weise ausgesprochen).

H: Swami sagt: "Das Herz ist das Spiegelbild des Göttlichen *(ātman)*" und "das Herz ist der Spiegel, der die Wahrheit am besten reflektiert." Was ist dieses "Herz"? Worauf nimmt Swami Bezug?

Sai: Herz ist Bewußtsein.

H: Ist das "Herz", von dem die Frauen reden, das gleiche, das Swami meint?

Sai: Nein, das ist das Unterbewußtsein, das mit ihren Wünschen vermischt ist.

H: Ungefähr zweieinhalb Zentimeter unter meiner Haut scheint ein Spiegel zu sein. Wenn ich Baba körperlich sehe, sehe ich Ihn auch in diesem "Spiegel". Der "Spiegel" reflektiert jede Bewegung von Baba.

Welcher von diesen beiden ist wirklich: der Baba, den meine Augen sehen oder das innere Spiegelbild?

Sai: Bewußtsein ist gedankliches Reflektieren. Wenn das Bewußtsein rein ist, ist das Spiegelbild klar. Es ist Babas göttlicher Wille *(sankalpa)*, der die Spiegelung sichtbar werden läßt.

H: Ist es der "innere" Baba, dem wir uns in Anbetung zuwenden sollten?

Sai: Wer Baba im Inneren findet, wird Ihn überall in der Außenwelt sehen.

H: Wenn man sein Inneres erforscht, erweist sich das "Ich" als "Ich". Man glaubt, daß man dieses "Ich" sei. Aber dann wiederum habe ich den Eindruck, daß ich keineswegs das "Ich" bin, sondern daß Baba es ist.

Sai: Das ist richtig. Das "Ich" ist Baba, zweifle nicht daran. Du und Baba sind eins. Nicht die Veranlagungen und Neigungen usw., aber das wesentliche "Du" und Baba sind ein und dasselbe. Das "Ich" ist Baba.

H: Manche Leute sagen, es sei notwendig, den Körper zu kasteien, um gewisse Veranlagungen zu überwinden.

Sai: Einige, die dem spirituellen Pfad folgen, üben sich in einer Enthaltsamkeit, die den Körper quält und schwächt. Das ist falsch. Ein gesunder Körper ist die Grundlage für gesundes Denken.

H: Die eigenen Veranlagungen sind tief in uns verwurzelt. Entgegen unserem eigenen Willen treten sie immer wieder in Erscheinung.

Sai: Nimm als Beispiel die Sonne, ein Vergrößerungsglas und ein Stück Papier. Gott ist die Sonne, die weit weg ist. Das Herz ist das Vergrößerungsglas, Veranlagungen und Wünsche sind das Papier. Wird das Glas richtig gehalten, verbrennt das Papier sofort. Wenn Liebe zu Gott und Glaube an Ihn das Herz erfüllen, befindet sich das Glas in der richtigen Lage.

H: Die Zunge mit ihrem Geschmacksvermögen übt eine große Macht aus und läßt das Verlangen nach immer mehr entstehen. Wie können wir das überwinden?

Sai: Der Körper gleicht einem Geschwür. Wasser reinigt die Wunde, Nahrung ist die Medizin und Kleidung der Verband. Den Körper so zu betrachten, vermindert die Macht des Gaumens. Die wichtigste Nahrung ist das, was wir durch Sehen, Hören und Sprechen in unser Unterbewußtsein aufnehmen. Die Ernährung des Körpers entspricht dem Graben eines Brunnens. Das Aufnehmen reiner, geistiger Eindrücke mit den Sinnen entspricht dem Bauen einer hohen Mauer. Es ist das Bauen der Mauer, dem mehr Bedeutung beigemessen werden sollte.

H: Der Körper gleicht einem Geschwür? Aber Swami sagt oft: "Der Körper ist der Tempel Gottes".

Sai: In der spirituellen Welt gelten andere mathematische Gesetze: 3-1=1. Da bist du, der Spiegel und das Spiegelbild. Nimm den Spiegel weg, und nur eins bleibt übrig. Die Individualität ist der Spiegel, der Körper das Spiegelbild. Sei verbunden mit Gott, dann gibt es nur eins, nämlich Gott. Der Körper ist der Tempel Gottes, die Individualität der Person ist der Priester, die fünf Sinne sind die Gefäße, die bei der rituellen Handlung benutzt werden. Das wahre Selbst *(ātman)* ist Gott, das Tempelheiligtum. Aber man kann nicht sagen, daß der Körper der Tempel Gottes ist, bis er es wirklich ist. Jede Handlung, jeder Gedanke, jedes Wort sollte ein Gottesdienst in diesem Tempel sein. Die fünf Sinne sollten ständig gereinigt und geputzt werden, damit sie der Verehrung Gottes dienen können. Wenn man sich auf dem Weg zur Arbeit vornimmt, daß jede Handlung des Tages ein Gottesdienst sein soll, dann wird es so sein.

H: Swami sagt, daß Freude und Leid dadurch entstehen, daß die Sinne umherwandern und mit weltlichen Dingen in Berührung kommen. Worauf sollten die Sinne gerichtet sein?

Sai: Es ist alles ein Spiel der Wünsche. Verlangen nach weltlichen Dingen verursacht Freude und Leid, Verlangen nach Gott hingegen hat Glückseligkeit zur Folge und verursacht kein Leiden.

H: Aber Swami, die meisten unserer Handlungen entspringen weltlichen Wünschen. Wir sehen, hören, fühlen, denken, riechen. Daraus folgt Verlangen, das zum Handeln führt.

Sai: Gott wirkt durch dich als Verlangen.

H: Swami! Ruft Gott selbst die schlechten Begierden hervor?

Sai: Man hat den starken Trieb der Lebenskraft: den Wunsch zu leben. Wenn er sich in positiven Taten ausdrückt, wird er zur Liebe, sonst bleibt er Verlangen. Verlangen, in positive Bahnen gelenkt, wird wirksam als Liebe. Dann kommt das Wissen, dann das Glücksbewußtsein. Die Kraft, die Stärke, die Energie, die Triebfeder des Verlangens ist Gott. Ob das Verlangen gut oder schlecht ist, hängt von der Zeit, dem Ort und dem Menschen ab. In jungen Jahren mag das Verlangen nach weltlichen Erfolgen berechtigt sein. In späteren Jahren kann das gleiche Verlangen schlecht sein. Früchte, die heute gut sind, mögen einige Tage später verdorben sein. Die eine Seite eines Apfels mag gut sein, die andere faul. Das Unterscheidungsvermögen veranlaßt uns, die gute Seite zu essen und die schlechte wegzuwerfen. Eine andere Kraft in dir, durch die Gott wirksam wird, ist das Unterscheidungsvermögen. Diese Kraft muß dazu benutzt werden, falsches Handeln zu vermeiden. Das Unterscheidungsvermögen läßt uns wissen, was falsch und was richtig ist. Bei falschem Verlangen ist Gott durch falsche Vorstellungen *(māyā)* verhüllt; bei der Anwendung des Unterscheidungsvermögens dagegen ist Gott weniger vom Schleier der Täuschung verhüllt.

H: Swami! Das erklärt das ganze Problem von gut und böse?

Sai: Ja, die Geschichte von *Vālmīki* ist ein gutes Beispiel dafür. Er war ein skrupelloser Mörder und Räuber, der sich keine Gedanken über sein Handeln machte. Eines Tages begann er, den Lehren der fünf Weisen zu folgen und den Namen *"Rāma"* zu rezitieren. Die gleiche Kraft und Energie, die ihn zu einem üblen Verbrecher gemacht hatte, wurde dadurch in göttliche Bahnen gelenkt, und er erfuhr Selbstverwirklichung. *Vālmīki* begann damit, *"Rāma"* zu rezitieren, und indem er dieses Wort immer schneller wiederholte, brachte er die Silben "ma" und "ra" durcheinander. Dadurch verlor er die Bindung an den Körper und transzendierte die Sinne. So natürlich und ohne Gewalt sollte das Aufgeben der Bindung an den Körper stattfinden.

33.

H: Swami sagt, daß Körper, Geist und höhere Intelligenz nicht für irgend jemand arbeiten, sondern sie tun nur ihre eigene Arbeit. Was bedeutet das?

Sai: Swami wollte damit sagen, daß es leider so ist, aber nicht so sein sollte. Jedes Glied sollte seine Aufgabe erfüllen, aber dadurch einem Höheren dienen. Die Augen z.B. sehen; das Sehen ist ihre Aufgabe. Aber solange das, was sie sehen, nicht ausgewertet wird, ist ihre Arbeit sinnlos. Der Geist sollte durch die Augen sehen, und die höhere Intelligenz sollte den Geist führen und lenken, denn das ist die Aufgabe der höheren Intelligenz.

H: Für wen sollte dann der ganze Mechanismus funktionieren?

Sai: Für das göttliche Selbst *(ātman)*. Hier ist ein kleines Beispiel: Die Erde dreht sich um ihre eigene Achse, aber zur selben Zeit dreht sie sich um die Sonne. Die verschiedenen Fähigkeiten des Menschen sollten ihre jeweils eigene Aufgabe erfüllen, dabei aber das wirkliche Selbst zum Mittelpunkt haben.

H: Da scheint etwas nicht zu stimmen. Das Selbst *(ātman)* führt offensichtlich die ihm eigene Aufgabe, die höhere Intelligenz, den Geist und die Sinne zu beherrschen, nicht aus. Wie können wir diese unter die Kontrolle des *"ātman"* bringen?

Sai: Wenn man erkennt, daß *"ātman"* die Wirklichkeit ist, ergibt sich der reibungslose Ablauf von selbst. Es kommt darauf an, alles dem *"ātman"* hinzugeben.

H: Aber Swami hat doch gesagt, daß wir etwas, das nicht unser eigen ist – denn wir haben darüber keine Gewalt – nicht weggeben können.

Sai: Es handelt sich nicht darum, jemand anderem etwas unterzuordnen oder zu geben. Man liefert sich seinem eigenen Selbst aus. Die Erkenntnis, daß man selbst *"ātman"* ist, ist Ergebung *(sharanāgati)*. Sich ergeben oder sich hingeben bedeutet in Wirklichkeit die Erkenntnis, daß alles Gott ist. Dann gibt es niemanden, der sich ergibt, nichts das hingegeben wird, noch irgend jemanden, der das Hingegebene annimmt. Alles ist Gott. Es gibt nur Gott.

H: "Ergebung" ist dann kein sehr gutes Wort. Es sagt nicht aus, was wirklich gemeint ist.

Sai: Das Wort "Ergebung" gehört der weltlichen Sprache an. Um korrekt zu beschreiben, was gemeint ist, bedarf es der göttlichen Sprache. Es gibt kein gleichwertiges Wort für "*sharanāgati*" in der englischen Sprache, deshalb wird das Wort "Ergebung" (engl: surrender) weiterhin benutzt.

34.

H: Was meint Swami, wenn Er von der "Form des Herrn" spricht? Wenn ich an den Herrn denke, kommt mir Babas Bild in den Sinn. Das ist verständlich. Aber was hat es außerdem zu bedeuten?

Sai: Wenn du auch weiterhin die Form vor Augen hast, wenn du deine Arbeit tust, wirst du Fehler machen. Wenn du zum Beispiel versuchst, den Herrn zu sehen, während du im Büro arbeitest, unterlaufen dir Fehler. Wenn man tätig sein muß, ist "Gott vor Augen haben" gleichbedeutend damit, daß man seine Arbeit im Namen Gottes tut, ohne dafür Lohn zu erwarten.

H: Und was hat es mit dem Namen auf sich, mit dem Rezitieren des Namens?

Sai: Wenn Gott menschliche Gestalt annimmt, ist es sehr schwierig, Ihn als den Herrn zu erkennen. Man sieht Seinen Körper, dann den eigenen und man kann nicht umhin, die beiden auf eine Stufe zu stellen. Wenn aber der Herr in all Seiner Größe käme, würden sich die Menschen fürchten und hätten keine Gelegenheit, Ihn kennen und lieben zu lernen. Im Tempel verehren zum Beispiel die Leute das Bild einer Schlange und hoffen, daß dadurch die Geburt eines Kindes begünstigt wird. Wäre aber die Schlange lebendig und würde sich über den Boden schlängelnd auf sie zubewegen, dann würden sie die Flucht ergreifen. Die Menschen könnten den Herrn in übermenschlicher Form nicht ertragen. Nur wenn Er in einem menschlichen Körper kommt, können sie sich Ihm nähern, Ihn lieben und Ihn sogar ein wenig kennenlernen. Aber man sollte nicht den Fehler machen zu denken, daß das Wesen des Herrn sich darin erschöpft. Ein Flugzeug zum Beispiel, das hoch in den Lüften fliegt, landet auf dem Flughafen. Man sollte aber nicht den Fehler machen zu denken, es sei ein Landfahrzeug, nur weil man es am Boden sieht. Wenn es die Fahrgäste aufgenommen hat, wird es sich wieder hoch in die Lüfte erheben. In gleicher Weise ist der Herr, der sozusagen hier auf dieser Erde gelandet ist, nicht auf die menschliche Form beschränkt.

H: Würde Swami uns bitte mehr über das Wiederholen des Namen Gottes sagen.

Sai: Hier ist ein kleines Beispiel: Ein Mann mußte bei Nacht 20 km weit durch den Wald gehen und hatte nur eine kleine Laterne. Er begann zu klagen, daß er nur drei Schritte weit sehen könne. Da kamen einige Reisende des Weges und fragten ihn nach der Ursache seines Kummers. Sie riefen aus: "Aber mein Herr, wenn Sie die Laterne mitnehmen, können Sie, selbst wenn Sie nur zwei Schritte weit damit sehen können, ohne Schwierigkeiten hundert Kilometer durch den dunkelsten Wald gehen. Wenn Sie aber die Laterne stehen lassen, kommen Sie in der Dunkelheit keinen Schritt weiter." Ebenso mag der Name des Herrn in dem Buch, das du liest, geschrieben stehen, aber du wirst deinen Weg nur finden, wenn du den Namen des Herrn im Munde führst. Sein Name sollte in den Atem eingewoben sein, so daß du Ihn den ganzen Tag lang anrufst, z.B.: *"so'ham"* – "Er ist Ich". "Er" mit dem Einatmen, "Ich" mit dem Ausatmen – oder: *Sai Rām*, oder der Name deiner Wahl, wiederholt im Rhythmus des Atmens. Atem ist Form. Name und Form fließen dann zusammen. Atem ist Leben, Leben ist Gott, Atem ist Gott, der Name und die Form Gottes. Atme Gott! Sieh Gott! Iß Gott! Liebe Gott! Der Name Gottes wird jeden Schritt auf dem Weg deines Lebens erhellen und dich zu Ihm führen. Der Name muß mit Liebe ausgesprochen werden. Gott ist Liebe. Wenn mit Liebe geatmet wird, dann ist Leben Liebe. Es gibt keine Kraft *(shakti)*, die stärker ist als die Liebe. Wenn der Name Gottes – jeder Name Gottes: *Rāma, Sai Rām, Krishna*, Jesus oder *"so'ham"* – mit Liebe gesagt wird, dann wird dieser kleine Name das ganze Leben weit machen und erhellen. Für den, der nach Gotterkenntnis strebt, genügt der Name. Das Meer ist weit und groß, aber man braucht keinen riesigen Dampfer, um darauf zu schwimmen. Schon ein kleiner Gummireifen wird euch über Wasser halten.

H: Was ist in diesem Zusammenhang die Beziehung zwischen Sai Baba, *Sai Rām* und *"so'ham"*? Und welche Form sollte man jeweils vor Augen haben?

Sai: Sai Baba ist die körperliche Form. Die Silbe "Sa" bedeutet göttlich. Die Silbe "ai" bedeutet Mutter. "Baba" ist das Wort für Vater. "Sai Baba" bedeutet daher "Göttliche Mutter und Göttlicher Vater". *"Sai Rām"* repräsentiert die gleiche Form wie Sai Baba. *"So'ham"* hat keine Form. Es bedeutet "Ich bin Gott". Es ist das gleiche wie bei einer Person, die mehrere Namen hat, die aber alle den gleichen Körper bezeichnen. Das Wiederholen des Namens mit Form steht am Anfang. Später verehrt man das allgegenwärtige, transzendente Göttliche. Wenn man dieses Göttliche als das innerste Sein jeder Person, der man begegnet, erkennt, dann ist es das beste, sich in Gedanken liebevoll auf *"Sai Rām"* zu konzentrieren, denn die verschiedenen Formen verschmelzen dann mit der Form, die der Name repräsentiert.

H: Wie wird *"OM"* richtig gesungen?

Sai: Der Laut *"OM"* besteht aus A – U – M. Das "A" beginnt leise in der Kehle, es ist die Erde. Das "U" bildet sich im Mund, und der Ton schwillt an. Das "M" wird von den Lippen geformt, und der Ton verebbt. Wie ein Flugzeug, das man von weitem hört, das lauter wird, wenn es näher kommt und dann wieder in der Ferne verschwindet. "A" ist die Welt, "U" der Himmel, "M" ist das Göttliche jenseits der Sinne.

H: Angenommen, die richtige Aussprache gelingt einem nicht?

Sai: Die Aussprache ist nicht so wichtig, wenn Liebe da ist. Liebe ist das Band, das Mutter und Kind verbindet. Wenn das Kind schreit, ist es der Mutter gleichgültig, ob der Schrei unharmonisch ist. Sie eilt zu dem Kind und umsorgt es. Die "Göttliche Mutter" ist überall. Swami ist hier, aber die "Göttliche Mutter" ist überall, damit hat jeder die gleiche Chance. Sobald jemand beginnt, sich nach Gott zu sehnen, ist Gott-Mutter da und antwortet mit Gnade. Liebe ist in all dem das wichtigste Element. Hingabe an Gott bedeutet, Gott zu lieben. Das wirkliche *"OM"* schwingt aus sich selbst heraus. Es strömt durch die beiden Nasenlöcher, hinauf in das Stirnzentrum und aus den Ohren in die Welt wie die Sendung einer Rundfunkstation.

H: Ist es nicht gefährlich, den Laut *"OM"* zu gebrauchen? Ich habe gehört, daß die *"OM"*-Schwingung ununterbrochen vibriert und das Universum erhält. Der Mensch hingegen unterbreche die Kontinuität, indem er *"OM"* ausspricht, und damit würde auch sein Leben unterbrochen. Ich habe von einer Anzahl solcher Fälle gehört, und es wird gesagt, *"OM"* solle nur von Mönchen *(samnyāsin)*, die bereits ihre weltlichen Bindungen gelöst haben, rezitiert werden.

Sai: Was ist ein *"samnyāsin"*? Es gibt drei verschiedene Typen. Da ist zunächst der "Kleider-*samnyāsin*", der durch das Tragen des gelben Gewandes vorgibt, allem entsagt zu haben. Davon gibt es Tausende in Indien. Der nächste ist der "Sinnen-*samnyāsin*", der gelernt hat, seine Sinne zu beherrschen. Diese Leute sollten niemals in die Einsamkeit gehen. Sie sollten im aktiven Leben bleiben, wo sie ihre Reaktionen beobachten können, um festzustellen, ob sie ihre Sinne wirklich beherrschen. Und dann gibt es den, der sich dem Herrn ganz hingegeben hat, indem er Ihm die Früchte jeder Handlung überläßt. In diesem *"samnyāsin"* ist kein Raum für das Ego. Sein Herz ist rein. Seine Sinne sind ruhig und unberührt von den Gegensätzen. Wenn das Herz rein ist, wird die Kontinuität des *"OM"* nicht unterbrochen. Und wenn etwas, das schlecht zu sein scheint, auftritt, dann ist es unwirklich, denn nur das *"OM"* ist wirklich.

H: Swami sagt, daß es ein Fehler sei, nicht mit jedem Atemzug *"so'ham"* zu sagen. Wie sollte man das tun?

Sai: "Saa" ist Er; "ham" ist Ich. Der *Yogi* X, den du erwähntest, lehrt, man solle vierundzwanzig Stunden am Tag "saa, saa" sagen. Da das "ham" nicht gesagt wird, soll sich angeblich das Ich, die Individualität, auflösen. Es ist äußerst schwierig, vierundzwanzig Stunden am Tag "saa" zu sagen, und im Schlaf ist das nahezu unmöglich. *Yogi* X sagt, er tue es, aber er tut es nicht. Welchen Sinn hat es, sich mit einer so schwierigen Übung abzumühen, wenn es einen leichteren und wirksameren Weg gibt?

H: Gut, Swami, lassen wir *Yogi* X beiseite. Ich möchte tun, was Baba sagt, und mit jedem Atemzug *"so'ham"* sagen. Wie ist die Technik? Wird es mit jedem Atemzug gesagt?

Sai: Der Atem sagt immer *"so'ham"*. Die Übung besteht darin, mit jedem Einatmen "so" und beim Ausatmen "ham" zu sagen. Sage es in Gedanken. Es hat die Aufgabe, den Geist auf eine Sache gerichtet und ruhig zu halten. Nach einiger Zeit geschieht es automatisch. Sage *"so'ham"* während des Tages. In der Nacht, im Schlaf, verwandelt es sich ganz natürlich in *"OM"*.

H: Sollte man dabei denken : Er ist Ich?

Sai: Nein. Der Laut ist *"so'ham"*. Das ist kein indisches oder englisches Wort, es ist der Laut, den der Atem erzeugt. Es ist natürlich richtig, sich über die Bedeutung des Lautes im klaren zu sein.

H: Swami sagt, *"so'ham"* sei der natürliche Laut des Atems. Wenn ich auf meinen Atem lausche, habe ich nicht den Eindruck, daß er diesen Laut erzeugt.

Sai: Der Laut des Atems durch Nase oder Mund ist mit Gedanken und Vorstellungen verbunden. Wenn der Geist ruhig ist und das Atmen vollkommen natürlich vor sich geht, ist der von dem Atem (durch die Nasenlöcher) erzeugte Laut tatsächlich *"so'ham"*. Die durch den Mund eingeatmete Luft geht in den Magen.

H: *Krishna* forderte *Arjuna* auf, das *"OM"* in Gedanken erklingen zu lassen.

Sai: *"OM"* ist überall, im Geist, auf der Zunge, im Herzen usw. Erzeuge *"OM"* erst mit der Zunge und dann im Geist. Es ist wichtig, einundzwanzig mal *"OM"* erklingen zu lassen: Fünf für die äußeren Sinne, fünf für die inneren Sinne, fünf für die Elemente, fünf für die Hüllen *(kosha)* und eins für die individuelle Seele *(jīva)*.

35.

Besucher: Wie liefert man sich Gott und dem Leben aus?

Sai: Auslieferung an Gott und an das Leben bedeutet das Fehlen jeder Dualität. Es bedeutet, dem Wesen nach Gott gleich zu sein. Aber ein solcher Zustand liegt jenseits des Willens eines Menschen. Das Verschmelzen findet statt, wenn der Handelnde, das Handeln und das Objekt des Handelns eins mit Gott werden. Das kann man nicht erzwingen.

Es geschieht ganz natürlich in einem Herzen, das mit Liebe zu Gott erfüllt ist. Gott ist wie eine Quelle frischen, süßen Wassers im Herzen. Das beste Werkzeug, nach dieser unerschöpflichen Quelle zu graben und das beste Mittel, ihre Süße zu kosten, ist die Wiederholung des Namen des Herrn *(japa)*. Widmet jede Handlung dem Herrn, dann gibt es keinen Platz für das Ego. Auf diesem Wege wird sich das Ego am schnellsten auflösen.

Besucher: Wie kann man schnell Fortschritte auf diesem Weg machen?

Sai: Liebe ist der Weg. Beginnt den Tag mit Liebe, verbringt den Tag mit Liebe, füllt den Tag mit Liebe, beendet den Tag mit Liebe – das ist der Weg zu Gott. Liebe ist sich-weiten, nicht zusammenziehen, keine Selbstsucht, kein "Mein". Übungen wie Meditation *(dhyāna)*, Rezitation des Namen Gottes *(japa)* und Singen, um Ihn zu preisen *(bhajan)* sind die Seife. Ohne Wasser nützt die Seife nichts. Das Wasser ist die Liebe. Es ist das Wasser, das wichtig ist. Ohne Liebe seid ihr lebende Tote. Liebe ist Leben. Alle sind eins; seid zu allen gleich. Selbsterforschung ist sehr wichtig. Wer bin ich? Der Körper? Nein. Ein Haus? Nein. "Ich" bin "Ich". Das ist die Wahrheit. Der Körper gleicht einer Wasserblase und der Geist einem verrückten Affen. Nein, der Geist ist schlimmer. Der Affe folgt wenigstens den Gesetzen der Natur, der Geist aber nicht.

Besucher: Ist es angebracht, *"Sai Rām"* zu sagen?

Sai: "SA" bedeutet "göttlich", "ai" bedeutet "Mutter", "rām" bedeutet "Er, der als reine Wonne im Herzen wohnt". *Sai Rām* bedeutet: göttliche Mutter und göttlicher Vater ebenso wie *"so'ham"*, shivoham usw.

Besucher: Baba, ich bin so müde, so ohne Energie. Wie kann ich Energie bekommen?

Sai: Energie kommt durch die Auslieferung an Gott.

Besucher: Wäre es für mich richtig, das Buch des Bhrighu zu befragen? (Anm. d. Übers: Alte prophetische Schriften, in denen das Schicksal aller Menschen verzeichnet ist.)

Sai: Es geht Swami nichts an, ob du gehst oder nicht. Was dort geschrieben steht, ist wahr, aber die Interpretation ist fehlerhaft.

Besucher: Baba, meine Energie?

Sai: Energie kommt, wenn das Herz sich ausdehnt. Ein kleines, verschlossenes Herz hat keine Energie. Wenn Baba im Herzen erkannt wird, dehnt sich das Herz aus. Der Körper ist der Tempel, das Herz ist der Thron, auf dem Gott sich niedergelassen hat.

Besucher: Bist Du glücklich?

Sai: Ich bin immer glücklich. Liebe ist Meine Form. Immer glücklich.

Manchmal mag Swamis Stimme sich verändern, um eine Situation zu berichtigen. Aber Er verspürt keinen Ärger.

H: Swami, verzeihe mir eine Frage. Wenn man beobachtet, wie Swami sich in der Menge bewegt, wundert man sich, warum manche Seine besondere Beachtung erhalten oder zum Interview ausgewählt werden und andere nicht.

Sai: Ja, es ist ganz natürlich, daß euch das wundert. Wer nur das Äußere sieht, kann nicht wissen, wer würdig ist und wer nicht.

H: Swami sagt, man soll mit denen, die keinen Glauben haben, nicht über den Herrn sprechen. Was ist damit gemeint?

Sai: Es ist nichts dagegen einzuwenden, wenn ihr zu einer Gruppe sprecht. Die Führer mögen interessiert sein und es dann den Mitgliedern der Gruppe erklären. Wenn man sich in private Gespräche einläßt mit Menschen, die keinen Glauben haben, so führt das nur zu Auseinandersetzungen und Diskussionen und ist Zeitverschwendung.

H: Jeder *Devotee* sehnt sich danach, Swamis Füße zu berühren. Was bedeutet es, die Füße zu berühren?

Sai: Gott ist positiv, der Mensch ist negativ. Bei der Berührung fließt der göttliche Strom vom Positiven zum Negativen. Das ist der Grund für die indische Tradition, eine göttliche Person zu berühren. Aber ohne eine gewisse Disziplin und bestimmte Einschränkungen würden die Leute das Gesicht und den ganzen Körper berühren. Deshalb entstand die Sitte des Berührens der Lotosfüße.

H: Swami sagt: "Verhindert, daß Wasser in das Boot eindringt." Wie wird das gemacht?

Sai: Wie kann man verhindern, daß Wasser in das Boot des eigenen Lebens eindringt? Wende dich voll und ganz Gott zu. Dann gibt es kein Boot, und es wird auch kein Boot gebraucht. Gott ist überall. Die Verbindung mit Ihm besteht im Innern, im Herzen.

36.

H: Muß eine bestimmte Zeit vergehen, bevor Erlösung erreicht werden kann?

Sai: Mit der Zeit, die für die Erlösung gebraucht wird, verhält es sich folgendermaßen: Jemand fragt: "Wie lange braucht man zum Essen?" Die Antwort mag lauten: "Fünf Minuten bis zu einer halben Stunde." Das ist falsch. Man braucht zum Essen soviel Zeit, wie notwendig ist, um den Magen zu füllen.

H: Hat der Mensch ein natürliches Verlangen nach Erlösung?

Sai: Spirituelle Übungen *(sādhana)* selbst führen nicht zur Erlösung. Sie beruhigen und kontrollieren nur die aktiven und die trägen Neigungen (*rajoguna* und *tamoguna*). Reine Neigungen *(sattvaguna)* tragen immer das Verlangen nach Erlösung in sich. Wenn diese im Menschen vorherrschen, kommt die Erlösung.

H: Im Westen wird *"sādhana"* im allgemeinen als ein Prozeß der Selbstvervollkommnung betrachtet. Schließt das ein, daß man sich mit der veränderlichen Persönlichkeit identifiziert?

Sai: Zuerst ist vielleicht der Drang nach Selbstvervollkommnung da. Man sieht, daß Moral und Charakter der Verbesserung bedürfen. Aber der nächste Schritt ist das Forschen. Das Forschen nach der Wirklichkeit, die allem zugrunde liegt. Sieben Zehntel des *"sādhana"* bestehen aus Suchen. Das "Ich", wie es allgemein verstanden wird, bezieht sich auf den Körper.

H: Der Mahāyāna Buddhismus sagt, daß man – selbst im letzten Augenblick vor der endgültigen Erlösung – die Wahl hat, in Gott einzugehen oder nicht.

Sai: Wenn jemand kurz vor seiner Befreiung steht, hängt seine Verschmelzung mit Gott oder seine Wiedergeburt vom eigenen Wunsch ab. Der Wunsch, eins mit Gott zu werden, ist durchaus nicht selbstsüchtig. Es ist kein Sich-zusammenziehen, sondern Ausweitung.

37.

(Ein Besucher, ein Prinz eines anderen indischen Bundesstaates, kam zu Sai Baba, bot einige Hektar Land für ein *Yoga*-Zentrum als Geschenk an und bat Ihn, seinen Bundesstaat zu besuchen, dort Seinen Einfluß geltend zu machen und dadurch politische Gewaltakte zu verhindern.)

Sai (zu dem Besucher): Swamis Liebe gilt allen Menschen, selbst solchen, die Schlechtes tun. Diese müssen leiden, nicht wegen Swamis Zorn, sondern weil sie sich durch Leiden nach innen wenden und beginnen, sich selbst zu erforschen. Nur durch Selbsterforschung werden sie von der Illusion, die sie von Gott trennt, befreit. Das einzig annehmbare Geschenk für Swami ist das Herz. Grundstücke interessieren Ihn nicht. Im Augenblick herrscht große Unruhe unter Politikern und Studenten. Das wird noch eine Weile andauern, aber zu einem gewissen Zeitpunkt wird Swami eingreifen und die Ordnung wiederherstellen.

H: Was ist mit der Ordnung in Amerika und Europa?

Sai: Länder sind wie die Wagen eines Zuges. Gott ist die Lokomotive. Der erste Wagen ist Indien, die anderen Wagen folgen. Den astrologischen Prophezeiungen alter Zeiten zufolge wird eine Änderung in der Weltsituation durch Swamis Einfluß in etwa fünfzehn Jahren herbeigeführt werden. (Diese Unterhaltung fand im Dezember 1968 statt.) Dies wurde vor 5 600 Jahren in den *Upanishaden* prophezeit. Das Kommen von Baba als Sai *Avatar* – welcher drei Inkarnationen umfaßt – ist ganz klar vorhergesagt. Menschen die heute leben, können sich sehr glücklich schätzen.

38.

H: Gibt es in der Welt heute keine Heiligen, die tiefe und direkte Gotteserfahrung haben?

Sai: Es gibt auch heute Menschen, die das Göttliche durch Selbstverwirklichung erfahren haben. Aber sie reisen nicht in der Welt herum und versammmeln keine Anhänger um sich. Sie verhalten sich still, leben zurückgezogen und beschäftigen sich mit spirituellen Übungen. Wenn du einen solchen Menschen finden und um Rat fragen würdest, wäre er nicht an dir interessiert. Wenn man das Leben eines *"Gurus"*, der in der

Öffentlichkeit auftritt, unter die Lupe nimmt, stellt sich heraus, daß er Wünsche und Probleme hat. Sein Wissen stammt aus Büchern, oder er hat es von anderen Personen übernommen, aber er besitzt nicht die wirkliche, echte Erfahrung des Göttlichen, von der er spricht. Solche Menschen sind ebenso wie ihr in dem Sumpf weltlicher Bindungen *(samsāra)* gefangen. Wie können sie euch helfen, festen Grund zu erreichen? Heutzutage ist Gott der einzig wirkliche *Guru*. Rufe Ihn an, und Er wird dich führen. Er ist in deinem Herzen, stets bereit zu helfen, zu beschützen und dich zu leiten.

H: Swami sagt, daß es Menschen gibt, welche die Schau des Göttlichen besitzen. Wie kann man diese Schau erlangen?

Sai: Die göttliche Schau läßt den Geist das Vergängliche nicht mehr sehen. Name, Form und Eigenschaften verschwinden mit der Zeit. Warum also warten? Beachte sie nicht mehr. Verbanne sie aus deinem Denken und sieh nur das, was wirklich ist. Warum sollte man sich mit der Illusion befassen, die das Vergängliche für wirklich hält? Es ist viel besser, Zeit und Aufmerksamkeit der Wirklichkeit zu widmen. "Schau des Göttlichen" bedeutet, diese Täuschung zu durchschauen und in der Wirklichkeit zu leben, die Gott ist. Er ist die unveränderliche Grundlage jeder Erscheinung. König *Janaka* besaß diese Schau. Name, Form, Persönlichkeit und Eigenschaften wurden von ihm so gründlich durchschaut, daß sie für den Rest seines Lebens für ihn nicht mehr in Erscheinung traten. Göttliche Schau ist das Ergebnis von Übung und Gottes Gnade. Bei manchen scheint sie unvermittelt hervorzubrechen, aber das ist das Ergebnis von Anstrengungen, die diese Menschen in früheren Leben gemacht haben.

H: Was ist der Unterschied zwischen einem Menschen, der die göttliche Schau besitzt und dem, der vollkommen gottverwirklicht ist?

Sai: Es gibt einen Unterschied. Der gottverwirklichte Mensch *(jīvanmukta)* identifiziert sich nicht im geringsten mit dem Körper. Er lebt ausschließlich in der Wirklichkeit Gottes. Er schenkt dem Körper keine Aufmerksamkeit mehr, so daß dieser verwelkt und verdorrt. Er kümmert sich nicht um Speise und Trank. Er denkt nicht einmal daran. Unter diesen Umständen kann der Körper nur noch einundzwanzig Tage am Leben bleiben. Ein solcher Mensch hat jede Beziehung zu seinem Körper verloren und, wenn er nicht zwangsweise gefüttert wird, ißt und trinkt er nicht. Je nach dem Zustand des einzelnen mag die Zeitspanne von einundzwanzig Tagen etwas schwanken. König *Janaka* zog sich in die Wildnis zurück und wurde ein Erleuchteter *(jīvanmukta)*. Danach blieb der Körper noch neunzehn Tage am Leben. Ein Mensch, der die göttliche Schau besitzt, wird *"rājayogī"* genannt. In ihm bleibt ein gewisses Körperbewußtsein bestehen, und daher lebt er weiterhin mit dem Körper. König *Janaka* regierte viele Jahre als *"rājayogī"*.

Erlösung *(jīvanmukti)* ist endgültiges Einswerden mit Gott. Etwas Ähnliches kann auch vorübergehend erlebt werden – für einige Stunden, für einen Tag in tiefer Meditation – aber es ist nicht endgültig. Das ist nicht das Einswerden.

H: Entschuldige, Swami, aber es ist noch nicht ganz klar, wie die göttliche Schau zu verstehen ist.

Sai: Nehmen wir ein Stück klares Glas. Man kann hindurchsehen und die Gegenstände auf der anderen Seite wahrnehmen. Wenn das Glas aber auf einer Seite überzogen wird, ist es ein Spiegel, in dem man sich selbst, aber nicht die Dinge auf der anderen Seite sehen kann. Ebenso kann man durch das Bewußtsein sowohl die äußere, sinnlich-wahrnehmbare Welt sehen, als auch mit Hilfe der Intelligenz den Blick nach innen richten und wahrnehmen, was in einem selbst zu finden ist. Wenn man aber nur in dieser inneren Wirklichkeit lebt und alle Gedanken, Wünsche und Interessen auf Gott ausrichtet, wenn sich das ganze Leben auf der göttlichen Seite des Bewußtseins abspielt, wird das Bewußtsein zu einem Spiegel, der außen mit dem Staub der Sinnenwelt bedeckt ist. Auf der klaren inneren Oberfläche des Spiegels, in dem reinen Geist und reinen Herzen, kann man das Spiegelbild der eigenen Wirklichkeit sehen, und das stellt die Selbstverwirklichung dar. Das ist *"rājayoga"*. König *Janaka* war ein Mensch, der diesen Weg vollendet hatte.

H: Swami, selbst vollkommene Menschen scheinen Schwierigkeiten zu haben.

Sai: Verschiedene Heilige (Swami nannte einige Namen) hatten in ihrem Leben endlose Schwierigkeiten in der Familie, durch schlechte Behandlung seitens anderer usw. Aber ihr Glaube an Gott blieb davon unberührt.

H: Aber Swami, diese Menschen waren doch bereits geläuterte Heilige. Warum mußten sie dann weiterhin leiden und Schwierigkeiten erdulden?

Sai: Sie selbst haben nicht gelitten. Jesus hat nicht gelitten. Aber es war notwendig für sie, durch das zu gehen, was im allgemeinen als Leiden angesehen wird, damit sie der Welt als leuchtende Vorbilder unerschütterlichen Gottvertrauens und vollkommenen Losgelöstseins von weltlichen Bindungen dienen können.

H: In den Schriften stehen viele Geschichten über große Weise, die sehr launisch und jähzornig waren. Wie ist das möglich?

Sai: Jene zornigen Weisen, die in den Schriften erwähnt werden, gingen in ihren geistigen Übungen *(sādhana)* falsche Wege. Ihre Reaktionen waren leidenschaftlich *(rajasika)*. Ruhiges und ausgewogenes *"sādhana"* ist das beste. Das stört niemanden.

H: Ich habe irgendwo gelesen, daß der Weise *Vishvāmitra* ein zweites Universum erschaffen hat. Ist so etwas möglich?

Sai: Ja, der Weise hatte einem seiner Schüler versprochen, ihn in seinem physischen Körper in die himmlischen Regionen zu versetzen. Damit waren die Götter nicht einverstanden. *Vishvāmitra* wurde sehr zornig und schuf ein Universum, obwohl Gott zu ihm gekommen war und ihm davon abgeraten hatte. Er schuf sogar ein Pantheon der Götter im feinstofflichen Raum und versetzte seinen Schüler physisch dorthin. Aber was gegen den Willen Gottes ist, kann nicht von Dauer sein, und *Vishvāmitras* Universum hatte keinen Bestand.

H: *Prahlāda* war noch nicht in Gott eingegangen, da ja sein Körper am Leben blieb. Wie konnte er dann so fest in seinem wirklichen Selbst *(ātman)* verankert sein, daß er die furchtbarsten Folterungen mit einem Lächeln ertrug?

Sai: *Prahlāda* war ein besonderer Fall, den Gott geschaffen hatte als Vorbild für unerschütterliches Vertrauen in den Namen Gottes und den festen Glauben, daß Gott in allem, selbst in unbelebten Säulen und Idolen, zu finden ist. *Prahlāda* fühlte keine Schmerzen, während er gefoltert wurde. Wegen seines festen Glaubens, daß Gott kommen würde, wenn er Ihn riefe, schaltete Gott jegliche Schmerzempfindung aus.

H: Man möchte zutiefst wünschen, nur Gott zu sehen.

Sai: Es ist nicht so, daß man jeden Gegenstand der ganzen Welt in Gott verwandeln kann. Dazu ist man nicht in der Lage. Man kann nicht die Natur und alles, was darin enthalten ist, mit demselben Farbton färben, nicht wahr? Wenn man aber eine Brille mit farbigen Gläsern aufsetzt, sieht man alles im selben Farbton. So kann man seine Sicht so verändern, daß alles, was man sieht, diese "eine Farbe" – Gott – hat.

H: Swami sagt, daß man alles als Gott sehen sollte. Sollte man auch seine Frau als Gott ansehen?

Sai: Die Ehefrau sollte nicht als Gott angesehen werden. Dann würde sie dir auf der Nase herumtanzen. Sie sollte als Ehefrau behandelt werden. Gott sollte als ihre innere Wirklichkeit wahrgenommen werden.

39.

Besucher: Gibt es eine Erklärung für die Wunder, die Swami tut, indem Er mit einer Bewegung Seiner Hand wertvolle Dinge aus dem Nichts entstehen läßt. Gibt es eine Erklärung dafür?

Sai: Manche Gegenstände erschafft Swami in der gleichen Weise, in der Er das Universum erschaffen hat. Andere Sachen, wie z.B. Armbanduhren, stammen aus bestehenden Vorräten. Es gibt aber keine unsichtbaren Wesen, die Swami helfen, die Dinge herbeizubringen. Sein göttlicher Wille *(sankalpa)* führt das aus. Swami ist überall. Seine Schöpfungen gehören der unbegrenzten Macht Gottes an und sind in keiner Weise das Ergebnis erworbener Kräfte wie bei den *Yogis* oder der Magie wie bei den Magiern. Die schöpferische Kraft ist nicht erworben oder entwickelt, sie ist ganz natürlich.

H: Ist es wahr, daß wilde Tiere heilige Personen nicht verletzen?

Sai: Es war einmal ein *Guru*, der seinem Schüler sagte, Gott sei in allen Dingen. Der Schüler schenkte dieser Feststellung Glauben. Am selben Tage fand eine königliche Parade statt. Der König, der auf einem riesigen Elefanten ritt, war die größte Attraktion. Alle Vorsichtsmaßregeln außer acht lassend, stellte sich der Schüler trotz der Warnungsrufe, er werde zu Tode getrampelt, in den Weg des Elefanten. Als der Elefant ihn erreichte, hob er den Schüler auf und setzte ihn heil und unversehrt auf die Seite. Der Schüler ging zu seinem *Guru* und beschwerte sich, daß er – obwohl Gott doch in beiden sei, in ihm und dem Elefanten – nicht in der Lage gewesen sei, den Elefanten von seinem Weg abzulenken. Im Gegenteil, der Elefant habe ihn aus dem Weg geräumt. Der *Guru* erklärte ihm, daß dies nur an der größeren körperlichen Kraft des Elefanten gelegen habe. Er sagte dem Schüler aber auch, daß das riesige Tier ihn ganz sicherlich getötet hätte, wenn er nicht Gott in ihm gesehen hätte. Da der Schüler aber Gott in dem Elefanten gesehen hatte, war es Gott, der ihn hochgehoben und in Sicherheit gebracht hatte. Kein Tier, nicht einmal eine Kobra, wird einem Menschen, der Gott in ihm als innerstes Wesen sieht, Leid zufügen. Das gilt ebenso in bezug auf gefährliche Menschen, obwohl es da aufgrund karmischer Verwicklungen einige Ausnahmen gibt.

40.

H: Ich habe dieses Buch “Zehn Heilige Indiens“ gekauft.

Sai: (öffnet das Buch und liest die Namen): Das sind keine Heiligen. Das sind Theologen und Führer religiöser Sekten.

(Sai las die Liste durch und machte über jeden Namen eine Bemerkung in Telugu. Der Dolmetscher schwieg.)

H: Swami, es wäre gut, die Namen einiger wirklicher Heiliger zu kennen, so daß ich etwas über sie lesen könnte.

Sai: Ein “Heiliger“, was ist damit gemeint?

H: Ich glaube, ich meine einen Botschafter Gottes. Unter etwa zehn anderen werden *Shankara, Rāmakrishna* und *Ramana Maharshi* von der Welt dafür gehalten.

Sai: *Rāmakrishna* begann als ein Verehrer der Göttin Kali. Er lebte in der Dualität: Da waren Mutter Kali und er – sie waren nicht eins, sondern zwei. Später erschien ihm Mutter Kali nicht mehr. Am Ende war er erleuchtet und ging in Gott ein.

H: Waren *Shankara* und *Ramana Maharshi* ähnliche Fälle?

Sai: Ja.

H: Vielleicht war Buddha ein Botschafter Gottes?

Sai: Buddha hat nie von Gott gesprochen. Es ist bekannt, daß er ein Prinz mit Frau und Kind war und daß er, als er Unglück und Tod kennenlernte, entschlossen war, deren Ursache zu finden. Jahrelang führte er ein Leben härtester Entsagung. Er verkündete drei Grundsätze: Alles ist Leiden. Alles ist vergänglich. Alles ist Leere.

H: Dann kam Buddha nicht zur Erkenntnis Gottes, sondern zur Erkenntnis des *“nirvāna“*?

Sai: Ja. (Bei einer anderen Gelegenheit hatte Sai gesagt, daß man das findet, was man sucht und daß Buddha nach der Ursache des Leidens gesucht hat.) Es gibt wirklich nur ein *Yoga* und das ist die Liebe zu Gott *(bhaktiyoga)*. Alle die anderen wie *“kriyāyoga“*, *“hathayoga“*, das sogenannte “Saiyoga“, *“prānāyāma“* und alle Techniken und Methoden, die als *Yoga* bekannt sind, gehören in den Bereich des Körpers. Sie sind so etwas wie Drill. Rechts! Links! Auf! Ab! Was kommt dabei heraus? Sie sind wertlos und Zeitverschwendung. *“Bhaktiyoga“* ist der direkte Weg zu Gott. Es ist ein leichter Weg. Alle anderen sind nutzlos. Es gibt sechs Arten von *“bhakti“*. “Madhura“ bedeutet “süß“. Das ist die höchste Art von *“bhakti“*.

H: Was kennzeichnet “madhura“ als die höchste Art?

Sai: In ihr sieht der Gläubige alles als Gott. Wenn *Jayadeva* Kleider anziehen wollte, sah er *Krishna* darin und behandelte sie nicht als Kleider. Er ging unbekleidet auf die Straße, und die Leute mußten ihn anziehen. Er sprach mit *Krishna*, tanzte mit *Krishna*, wurde eins mit *Krishna* und verlor das Bewußtsein. Er war der *Guru* von *Caitanya.*

H: Swami, diese Beschreibung erinnert irgendwie an *Rāmakrishna Paramahamsa.*

Sai: *Jayadeva, Caitanya* und *Rāmakrishna* praktizierten dieses “madhura *bhakti*“. *Jayadeva* sah sich als die Braut *Krishnas.* Deshalb werden seine Hymnen von der Öffentlichkeit, die ihnen weltliche Bedeutung beimißt, für sinnlich gehalten. Die wirklichen Bedeutungen, die sie für *Jayadeva* hatten, sind ganz anders. Für ihn war das Herz die Braut. Er war das göttliche Selbst *(ātman).*

H: Was für ein Mensch war *Caitanya*?

Sai: *Caitanya* pflegte auch *Krishna* zu besingen und in Verzückung mit Ihm zu tanzen. Er besuchte einmal einen seiner Schüler. Sein Zimmer lag neben dem Andachtsraum. Jedesmal, wenn der aus fünf verschiedenen Metallen bestehenden Statue *Krishnas* Speisen dargebracht wurden, beobachteten die anderen, daß *Caitanya* die gleichen Speisen in seinem Zimmer aß. Der Gastgeber beschloß, herauszufinden, was vor sich ging. Er schloß *Caitanya* in seinen Raum ein und beobachtete ihn durch eine kleine Öffnung. Als dem *Krishna*-Standbild Speisen dargebracht wurden, sah er, daß *Caitanya* die Speisen aß. Der Gastgeber betrat *Caitanyas* Zimmer und schlug ihn auf beide Wangen. Danach war das metallene Standbild *Krishnas* verschwunden. Das verursachte große Bestürzung, und alle beteten zu *Krishna.* Daraufhin erschien Er vor ihnen und sagte: “Ihr habt Mir Speisen gebracht und als Ich sie aß, habt ihr Mich geschlagen. Darum bin Ich gegangen.“

H: Seine Hingabe hatte...

Sai: Eine Zeitlang war Sachananda der *Guru* von *Caitanya.* Der *Guru* wollte die Hingabe *Caitanyas* auf die Probe stellen. Er legte einen Zuckerwürfel auf *Caitanyas* Zunge und befahl ihm, ihn dort zu lassen, bis er vom Fluß zurückkomme. Am Fluß nahm Sachananda sein Bad, wusch seine Kleidungsstücke, verrichtete seine Gebete und war ungefähr zwei Stunden weg. Bei seiner Rückkehr fand er *Caitanya* mit immer noch offenem Munde vor, das Zuckerstück etwas zitternd, aber unversehrt auf seiner Zunge. Es hatte sich nicht aufgelöst. Er erkannte die Größe

Caitanyas und seine vollkommene Herrschaft über die Sinne. Er warf sich vor ihm nieder und erklärte ihn zu seinem *Guru*.

H: Swami, leben solche vollkommenen Menschen wie *Jayadeva* und *Caitanya* auch heute noch?

Sai: O ja! Die gibt es. Aber sie behalten ihre Liebe zu Gott meist für sich. Manchmal wird sie sichtbar, und dann halten ihre Mitmenschen sie für geistig gestört. Swami ist solchen Gläubigen begegnet, aber Er gewährt ihnen keine Interviews. Diese Menschen leben voller Freude. Zu ihnen gehört eine Königin (rānī), der Swami vor ein paar Jahren begegnete. Aber ein Interview wäre nicht angemessen gewesen.

H: Ist es einem Menschen aus dem Westen möglich, ein solch großer *Devotee* zu werden?

Sai: O ja. Das ist durchaus möglich.

H: Swami, was aber ist die beste Art und Weise, für einen, der ein Amt innehat und der Swamis Werk in der Welt tun muß, Gott zu lieben?

Sai: Das gleiche.

H: Aber wie könnte er eine Arbeit verrichten, wenn er so wäre?

Sai: Es ist durchaus möglich zu arbeiten und gleichzeitig ein vollkommener Jünger des Herrn *(bhakta)* zu sein. Die innere Einstellung ist wichtig, nicht die Arbeit. Auch der Einfluß *Jayadevas* und *Caitanyas* war weitreichend.

H: Swami, es scheint, daß es seit der Zeit *Krishnas* bis heute keine Gelegenheit gab...

Sai (unterbrechend): Zeit? Ich bin *Krishna*. Wo ist die Zeit?

H: Swami, ich meine, in der Zeit zwischen der *Krishna*- und der Sathya Sai- Inkarnation gab es keine Gelegenheit, Gott selbst als *Guru* zu haben.

Sai: Bis auf die *Shirdi*-Inkarnation.

H: Dann, Swami, muß das die beste aller Zeiten sein, in der ein Mensch geboren werden kann.

Sai: Ja. Es ist die allerbeste Zeit. Besser sogar als die Zeit der *Krishna*-Inkarnation.

41.

Sai: Krebs entwickelt sich oft aus einer kleinen Pustel. Es gibt eine Entzündung, Gase entstehen und so entwickelt sich der Krebs.

H: Kann Swami sogar Endstadien von Krebs heilen?

Sai: O ja. Eine bestimmte Person, die du kennst, ist ein gutes Beispiel dafür. Ihr ganzer Körper war von Krebsgeschwüren verseucht. Die Ärzte gaben sie auf, entfernten die Kanülen, nähten die Einschnitte zu und gaben ihr nur noch ein paar Tage zu leben. Jetzt ist sie kräftig und gesund und arbeitet den ganzen Tag.

H: Tut Swami das nur, wenn das *Karma* es erlaubt?

Sai: Nein. Wenn Swami mit einem Menschen zufrieden ist, heilt Er ihn sofort. *Karma* hat da gar keinen Einfluß.

H: Das ist eine außerordentlich wichtige Information. Denn jene, die nicht von Swami geheilt werden, schreiben das der Tatsache zu, daß ihr *Karma* es noch nicht erlaube.

Sai: Wer ein reines Herz hat und Swamis Lehren folgt, dem wird Swamis Gnade zuteil. Kein *Karma* kann das verhindern.

H: In Kalifornien lebt ein Heiler, der Mitglied eines Sathya Sai Zentrums werden und seine Heilkräfte zu Gunsten der Sai *Devotees* anwenden möchte. Der Leiter des betreffenden Zentrums hat selbst erfahren, daß die Kraft, die durch die Hände des Heilers floß, ihm Erleichterung in seiner Krankheit brachte und glaubt, daß der Heiler von Baba gesandt wurde und daß Baba durch seine Person Heilungen bewirkt. Es wurde mir aufgetragen, Swamis Meinung darüber zu hören.

Sai: Die Kraft, die von dem Heiler ausgeht, ist nicht Swamis Kraft. Es ist eine ungute Kraft. Der Heiler braucht selbst Heilung. Göttliche Kraft ist überall; sie kommt aus dem Innern. Die Körper dieser beiden (dabei auf Hislop und den Fahrer des Wagens deutend) sind stark und gesund. (Damit brachte Swami zum Ausdruck, daß die Gesundheit durch die göttliche Kraft hergestellt wird, ohne die von außen kommende Vermittlung eines Heilers.)

H: Der Heiler hat auch eine Frage. Er möchte wissen, ob das, was er tut, richtig ist.

Sai: Nein, es ist nicht richtig. Es ist keine göttliche Kraft, die durch den Heiler wirksam wird.

H: Wie sollte man dann geheilt werden?

Sai: Durch gewöhnliche medizinische Mittel und durch Gebet.

H: Aber Swami, es gibt Tausende von Fällen in der ganzen Welt, wo Kranke durch Heiler gesund werden. Wie kommt das?

Sai: Die Hilfe besteht nur aus einem vorübergehenden Gefühl der Erleichterung. Es ist keine echte Hilfe. Wenn eine Heilung stattfindet, so deshalb, weil die betreffende Person selbst eine Beziehung zu Gott hat und zu Ihm betet.

H: Dann fließt keine Kraft von Gott in einen Menschen?

Sai: Wo ist Gott? Er ist in dir. Er heilt von innen.

Besucher: Baba, da Zeit nur Dein Wille und sonst unwirklich ist und da auch die Dauer der Zeit von Deinem Willen abhängt, kann die Zeit nicht etwas verkürzt werden? Die Menschen leiden so sehr; warum müssen sie so lange leiden?

Sai: Sie werden geprüft. Aber man sollte das nicht so ausdrücken. Es ist Gnade. Die Leidenden haben Meine Gnade. Nur durch Leiden werden sie sich nach innen wenden und anfangen sich selbst zu erforschen. Sie können dem Elend niemals entrinnen, wenn sie damit nicht beginnen.

H: Manche Leute sagen, Swami habe sie bestraft. Ist das so?

Sai: Natürlich. Swami bestraft einen Menschen für sein Vergehen, um ihn zu korrigieren. Aber obwohl Miene und Stimme schroff erscheinen, ist Baba innerlich nichts als Liebe. Manchmal korrigiert Er eine Person unter vier Augen und manchmal öffentlich. Es kommt ganz darauf an. Wenn die Maßregelung öffentlich geschieht, dann können alle, die sie hören, lernen, was Swami gefällt und was Ihm nicht gefällt. Butter kann man mit dem Finger zerteilen, aber für einen Stein braucht man einen eisernen Hammer. Es hängt alles von dem Material, d.h. von der Person, ab. Der *Avatar* macht keine Zugeständnisse. Strenge ist für den Gläubigen letzten Endes die größte Wohltat. Je nach der Situation kann Swami sanft und freundlich oder aber hart wie ein Diamant sein. Er gibt nicht nur eine Chance, sondern vergibt tausendmal. Aber wenn die Person dann immer noch nicht hört, züchtigt Er sie.

H: Ja, Swami. Alle, die Swami nahe sind, müssen ihr Bestes tun und so vollkommen wie möglich sein.

Sai: Mit denen, die räumlich von Swami entfernt sind, ist Er nicht so streng wie mit denen, die Ihm "nahe" sind. Swami wird von den Leuten nach den *Devotees* Seiner näheren Umgebung beurteilt, und deshalb müssen diese sich an ganz strenge Regeln halten. Die "Bestrafung" hängt auch von der Art und der Größe der Verfehlung ab.

H: Stimmt es denn, daß Gott Sünden vergibt?

Sai: Mit ernster Reue kann jede Sünde hinweggewaschen werden. Gottes Gnade reagiert darauf. Wenn es Sein Wunsch ist zu vergeben, kann Ihn nichts daran hindern, alles *Karma* auszulöschen. Jede spirituelle Handlung, die ohne karmische Folgen bleibt, wächst aus dem Samenkorn der Liebe. Wenn dieses Samenkorn genährt wird, wird es zu einem Baum heranwachsen. Alles was wertvoll ist, kommt von diesem Baum der Liebe. Gleichgültig, um welche Sünden der Vergangenheit es sich handelt: Durch tiefe Reue und Liebe zu Gott werden die Sünden ausgewaschen, und der Charakter wird geläutert. Es ist eine Schwäche zu befürchten es könne anders sein. Gott hat grenzenloses Mitgefühl. Sucht Seine Liebe, dann wird Vergebung folgen.

H: Vergibt Gott auch das jetzige *Karma*?

Sai: Es gibt drei Arten von *Karma*: das der Vergangenheit, der Gegenwart und der Zukunft. *Karma*, das jetzt entsteht, muß später ausgelebt werden. Es ist wie bei einem Wagen, der eine Staubwolke hinter sich herzieht. Sobald der Wagen anhält, läßt sich der Staub auf ihm nieder. Natürlich kann der Wagen nicht immer weiterfahren, um dem Staub, den er verursacht, zu entgehen. Nun, der Wagen muß ja nicht für immer auf einer staubigen Straße fahren. Er kann auf eine asphaltierte Straße überwechseln. Die asphaltierte Straße ist gleichbedeutend mit der Gnade Gottes. Es besteht ein Unterschied zwischen der wohltätigen Auswirkung der Gnade und dem, was durch Hingabe *(bhakti)* bewirkt wird. Man gibt dem Patienten, der Schmerzen hat, ein Beruhigungsmittel, das die Schmerzen betäubt. Gnade jedoch ist eine Operation, welche die Ursache der Schmerzen beseitigt. Versteht das richtig! Durch Gnade wird *Karma* ganz und gar ausgelöscht. Es ist wie bei einer Medizin, die auf der Flasche ein Etikett mit der Aufschrift "Wirksam bis 1968" trägt. Wenn die Medizin 1972 eingenommen wird, ist sie vollkommen wirkungslos. Der Körper ist hier die Flasche, das *Karma* im Körper ist die Medizin. Gott schreibt das Datum, an dem die "Medizin" ihre Wirkung verliert, auf das Etikett.

H: Aber Swami, Gnade wird nur selten verschrieben!

Sai: Man mag glauben, daß es schwierig sei, Gnade zu erlangen. Das ist aber nicht der Fall. Es ist das einfachste Ding der Welt, Gnade zu erhalten, wenn man die Methode kennt und anwendet. Die Methode wird in der *Bhagavad Gītā* erklärt. Wenn man z.B. Auto fahren lernt, ist man am Anfang verwirrt. Durch Übung jedoch wird es ganz einfach, alle notwendigen Handgriffe gleichzeitig zu tun und außerdem noch mühelos eine Unterhaltung zu führen. Es gibt nichts, das nicht durch Übung gelernt werden könnte. Selbst Ameisen, die immer wieder hintereinander über einen Stein krabbeln, hinterlassen eine Spur. Es ist der Name Gottes, der euch euer ganzes Leben lang beschützen und führen wird. Dabei ist er solch eine Kleinigkeit! Man braucht doch kein riesiges Dampfschiff, um das Meer zu überqueren. Ein kleines Floß genügt schon. Der Name Gottes ist das Kleinste des Kleinen und das Größte des Großen. Er muß ständig auf der Zunge geführt werden, denn der Mund ist der Haupteingang des Körpers. Ihr müßt den Namen wie eine kleine Laterne immer bei euch haben, wohin ihr auch gehen mögt, dann könnt ihr sicher durch den dunklen Wald eures Lebens wandern.

42.

H: Babas dramatische Genesung von dem, was die Ärzte während des Vorfalls in Goa als sicheren Tod betrachtet hatten, muß sie wohl in Erstaunen und Verwirrung versetzt haben?

Sai: Nachdem Baba um vier Uhr nachmittags die 150 Stufen vom Palast herabgestiegen war und einen spirituellen Vortrag gehalten hatte, tagte am nächsten Morgen eine Konferenz von 25 Ärzten, die der Gouverneur zu Babas Behandlung zusammengetrommelt hatte. Auch eine ganze Reihe von Studenten nahm daran teil. Die Debatte ging darum, wie es möglich sei, daß ein Körper mit durchbrochenem Blinddarm ohne Operation am Leben bleiben könne. Der Chefarzt sagte: "Unsere Diskussion ist sinnlos. Shri Sathya Sai ist göttlich." Baba materialisierte 25 Ringe auf einmal, für jeden Doktor einen. Sie haben alle Babas göttliches Wesen erkannt und sagen *"Sai Rām"*, bevor sie einen Patienten behandeln. Das Radio berichtete, Swami liege im Sterben. Die besten Ärzte Indiens wurden herbeigerufen. Baba war am ganzen Körper schwarz. Die Ärzte gaben Ihm nur noch kurze Zeit, bestenfalls zehn Minuten zu leben. Dann erklärte Baba, daß Er am Nachmittag einen Vortrag halten werde und daß Er die Krankheit eines *Devotees* übernommen habe. Indiens prominentester Arzt sagte: "Das mag sein, aber ich sage Ihnen, daß Sie im Sterben liegen!". Baba antwortete: "Das werden wir um 16 Uhr sehen."

H: Ist es wahr, daß Swami als Kind verschiedentlich außergewöhnliche Mißhandlungen von Ärzten erdulden mußte?

Sai: Baba erduldete Mißhandlungen von den Händen der Dorfärzte, als Er zum ersten Mal zuließ, daß sich Seine göttlichen Kräfte in größerem Umfang manifestierten. Das war im Alter von ungefähr zehn Jahren. Sie bohrten Löcher in Seinen Kopf und steckten heiße Eisen hinein; sie schnitten die Haut auf und gossen ätzende Flüssigkeiten in die Wunde; sie bedeckten Ihn in einem Graben bis zum Hals mit Sand und Eisenstangen, um jede Bewegung zu verhindern. Aber Er bewegte sich und war frei trotz der Eisenstangen. Während all dieser Mißhandlungen lächelte Er und fühlte keine Schmerzen. Er identifizierte sich niemals auch nur im geringsten mit dem Körper. Von Geburt an wußte Baba um Seine Göttlichkeit und daß Er Gott selbst sei. Das Universum liegt in Babas Hand, und Er könnte das ganze Universum in einem Augenblick verschwinden lassen.

H: Swami, bitte erzähle etwas über Deine frühe Kindheit.

Sai: Swami hatte zwei Hemden und Hosen, die das ganze Jahr über halten mußten. Es gab kein Geld, nicht einmal für Nähnadeln, und Dornen wurden benutzt, um zerissene Stücke zusammenzuhalten. Die Risse in den Kleidern rührten von Klassenkameraden her, die Baba dafür bestraften, daß Er in der Schule immer alles wußte. Nur Er wußte die Antworten. Antwortete Er, verprügelten Ihn die Jungen, antwortete Er nicht, schlug Ihn der Lehrer. Manchmal mußte der Schüler, der die Antwort wußte, denen, die sie nicht wußten, eine Ohrfeige geben. Da Swami klein war, mußte Er sich dazu auf einen Stuhl stellen. Aber Er schlug nur sanft zu. Dann aber versetzte der Lehrer Ihm für jeden zu sanften Schlag eine harte Ohrfeige. Die Jungen rächten sich immer sofort an Baba, aber dann waren sie wieder lieb zu Ihm. Obwohl Baba nicht einmal eine Nadel für sich selbst hatte, materialisierte Er Bleistifte, Federhalter, Notizpapier und alles, was die Jungen brauchten. Im Laufe der Zeit führte das zu gewissen Befürchtungen im Dorf, denn wie sollte man der Obrigkeit erklären, wo diese Dinge herkamen. Das führte dazu, daß Baba im Alter von elf Jahren für ein paar Jahre mehr oder weniger versteckt gehalten wurde. Das war zur Zeit der Unabhängigkeitskämpfe in Indien, als die Polizei die Dörfer durchsuchte und Kongreßmitglieder usw. verhaftete.

H: Diese frühen Geschichten sind außergewöhnlich. Sie sind nicht zu vergleichen mit irgendetwas, was wir uns vorstellen könnten. Die Gefährten der Kindheit müssen etwas ganz Besonderes gewesen sein. War ihr späteres Schicksal auch so ungewöhnlich?

Sai: Da waren zwei Jungen, mit denen Swami in der Schule auf einer

Bank saß. Die Bank hatte drei Sitze. Als Swami erklärte, Er werde nicht länger zur Schule gehen, beging der eine Junge Selbstmord, der andere wurde verrückt und schrie dauernd: “Raju, Raju!“ (Sai Babas Familienname. Anm.d. Übers.). Er starb schließlich.

H: Das ist seltsam. Ein großes Geheimnis. Aber starb er einen guten Tod, da seine Gedanken auf Swami ausgerichtet waren und er unablässig Swamis Namen rief?

Sai: Er wurde eins mit Mir. Da war auch ein Telugu Lehrer, der alle Hebel in Bewegung gesetzt hatte, um an Swamis Schule versetzt zu werden, und der die Schule verließ, als Swami fortging.

43.

Besucher: Ist körperliche Ausarbeitung wichtig? Im Westen mißt man sportlichen Übungen großen Wert bei.

Sai: Im Westen hält man viel von Sport als einem Mittel, übermäßiges Essen zu verdauen und den Geschlechtstrieb zu sublimieren. Swami, der völlig über dem Einflußbereich der Sinne steht, nimmt nur sehr wenig Nahrung zu sich und braucht keine Ausarbeitung. Trotzdem ist Sein Körper sehr leistungsfähig. Wer einer körperlichen Arbeit nachgeht, braucht keine sportliche Betätigung. Die Überbewertung des Sports kommt von denen, die müßig sind und nicht durch eine verantwortungsvolle Arbeit voll ausgefüllt werden. Mäßigung ist wichtig, sonst kann sich keine Energiereserve bilden. Die Nahrung muß zu Gunsten dieser Energiereserve eine Weile im Körper bleiben. Zu viele körperliche Anstrengung verbraucht die Nahrungsenergie, bevor diese als Reserve gespeichert werden kann. Es entsteht also kein Gewinn. Ebenso ist übermäßiges Reden schädlich für den menschlichen Organismus. Ein Abgeordneter sprach zwei Stunden lang bis ihm davon schwindelig wurde. Niemand kann ununterbrochen reden – das heißt, niemand außer Swami, der das seit vielen Jahren tut.

44.

H: Swami, wo man auch hingeht, findet man Hippies. Für einen älteren Menschen ist es schwierig, eine Beziehung zu dieser Alternativkultur zu finden. Sie scheint keine Werte auszudrücken, die ernst genommen werden können.

Sai: Die Ideen der Hippies bestehen darin, nicht zu arbeiten, Rauschgift zu nehmen, zu betteln und freie Beziehungen zwischen den Geschlechtern zu haben. Baba gab einigen von ihnen Arbeit in der Druckerei. Sie führten sie nicht aus. Baba bot ihnen die Mittel an, nach Hause zu fliegen. Sie wollten nicht gehen. Sie verstehen *Karma* – Handeln, das Folgen nach sich zieht – nicht so wie es in Indien verstanden wird. In der englischen Sprache gibt es auch kein entsprechendes Wort für *"dharma"*. Rechtschaffenheit ist Arbeit und Pflichterfüllung. *"Dharma"* bedeutet, die Wahrheit zu sagen und Wahrheit und Liebe im Herzen zu haben.

H: Wie bestimmt man das rechte Verhalten *(dharma)*, das für einen selbst angemessen ist?

Sai: Man muß nachforschen. Man muß Fragen stellen wie z.B.: "Verhalte ich mich wie ein Mensch oder wie ein Tier? Bin ich männlich oder weiblich? Bin ich jung oder alt?" usw. Tierisches Verhalten ist für Menschen nicht angemessen. Ein Mann sollte sich nicht wie eine Frau benehmen. Wenn ein Erwachsener wie ein Kind mit Puppen spielt, wirkt er lächerlich. Das gleiche gilt für einen jungen Mann, der sich einen Stock nimmt und wie ein Greis geht. Nur die Handlung, die im Licht der Wahrheit geprüft wurde, entspricht der göttlichen Ordnung *(dharma)*. Gedanke, Wort und Tat müssen übereinstimmen. Man muß seine Mitmenschen verstehen. Wenn der andere hungrig ist, mußt du seinen Hunger als deinen eigenen empfinden.

H: Wann macht man die wirkliche Erfahrung, daß man eins mit dem anderen ist? Jetzt hat man Mitgefühl mit dem anderen, aber Mitgefühl ist keine direkte Erfahrung. Als jemand einen Hund verprügelte, hatte *Shirdi Sai Baba* blaue Flecke. Das ist die wirkliche Erfahrung des Einsseins.

Sai: Alles ist göttlich. Wenn du fest in der Tatsache deiner eigenen Göttlichkeit verankert bist, hast du das unmittelbare Wissen um die göttliche Natur des anderen. Mitgefühl für andere empfindest du, solange du dich selbst als eine getrennte Einheit betrachtest. Die Geschichte über *Shirdi Sai Baba* wird in den Büchern nicht ganz richtig dargestellt. Die Tatsache war, daß eine Dame einen Teller mit Süßigkeiten für *Shirdi Baba* bereitet hatte, aber ein Hund fraß sie auf. Die Dame vertrieb den Hund mit Schlägen. Dann brachte sie *Shirdi Baba* einen anderen Teller mit Süßigkeiten, den Er mit der Bemerkung ablehnte, Er habe die vorher bereiteten Süßigkeiten bereits gegessen und Sein Hunger sei gestillt. Die Dame widersprach: Sie habe Ihm vorher noch keine Süßigkeiten gebracht, und wie Er das Gegenteil behaupten könne. Baba erwiderte, sie hätte Ihm schon vorher Süßigkeiten angeboten und Ihn auch geschlagen. Auf diese Weise gab Er ihr eine Lektion über Seine Allgegenwart und machte klar, daß alles Leben eins ist. Zu Seinen Lebzeiten wurde *Shirdi Baba* nicht viel Aufmerksamkeit geschenkt. Anerkennung als *Avatar* und das Interesse an Seinem Leben kamen erst nach Seinem "Tod". Die verschiedenen Ereignisse wurden daher von *Devotees* aus der Erinnerung niedergeschrieben. Derselbe Mangel an Anerkennung ihrer Göttlichkeit kennzeichnet das Leben von *Rāma* und *Krishna*. *Krishna* wurde einfach als ein Hirtenjunge und später als Wagenlenker *Arjunas* angesehen. *Shirdi Babas* Leben vor Seinem achtzehnten Lebensjahr ist nur Baba bekannt, und nur wenige, wirklich echte *Devotees* wußten um Seine göttliche Natur.

H: Es ist seltsam, daß nur wenige Menschen den *Avatar* erkennen.

Sai: Nein, das ist nicht verwunderlich. Wie erkennst du den *Avatar*?

H: Durch den Glauben.

Sai: Glauben ist eine Sache und Wissen eine andere. Deine Frau mag an dich glauben, aber dennoch kennt sie dich nicht wirklich. Der *Avatar* mag heute als solcher erkannt werden, aber morgen kommen Zweifel auf, und die Überzeugung gerät ins Schwanken. Ein Beispiel dafür ist der große Weise *Vishvāmitra*, der sich die Hilfe der beiden Knaben *Rāma* und *Lakshmana* erbat, um Dämonen zu überwinden, die ihn bei der Ausübung des Gottesdienstes störten. Er sagte dem König, daß er dessen machtvolle Armeen nicht brauche, sondern daß ihm die beiden Knaben, die Inkarnationen Gottes seien, genügen würden. Als sie jedoch bei ihm eintrafen, rief er *Rāma* zu sich, um Ihn *"mantras"* zu lehren, welche die Dämonen überwinden sollten. Die Wogen der Verwirrung *(māyā)* machen das Erkennen des *Avatars* nahezu unmöglich.

H: Swami, das ist doch seltsam. In jenen alten, einfachen Zeiten war das Erkennen des *Avatars* so schwierig; in der heutigen komplizierten und korrupten Gesellschaft dagegen ist die Anerkennung fast weltweit.

Sai: Ist sie wirklich weltweit? Es gibt Geschichten und Artikel über Swami, aber wieviele Menschen sind sich klar darüber, daß Er der *Avatar* ist, und wieviele von denen sind frei von jedem Zweifel? Ein anderes Beispiel: Du weißt, daß Swami der *Avatar* ist?

H: Ja.

Sai: Kein Zweifel?

H: Überhaupt kein Zweifel.

Sai: Du weißt aus eigener Erfahrung, daß Swami allgegenwärtig ist?

H: Ja, das ist meine eigene, unmittelbare Erfahrung.

Sai: Und dennoch, wenn du Swami hier in *Brindāvan* verläßt und in deinem Hotel ankommst, hast du die Vorstellung, daß Swami in *Brindāvan* ist. Wie du siehst, ist es nicht so einfach, sich der Allgegenwart des *Avatars* bewußt zu sein. Natürlich gibt es immer einige, die Ihn erkennen. Es gab auch einige, die *Krishna* als *Avatar* erkannten. Das gleiche gilt für *Rāma*. Nicht jede Blüte öffnet sich, wenn die Sonne aufgeht. Nur einige sind so weit. Es ist eine Frage der Reife. Nicht alle Früchte eines Baumes reifen zur selben Zeit. Ein anderes Beispiel: Wer bietet Swami dieses neue Haus an, und wem wird es gegeben?

H: Der göttlichen Form.

Sai: Was? Göttliche Form? Das soll die göttliche Form sein? Das ist ein menschlicher Körper! Wenn Swamis Name auf die Übertragungsurkunde gesetzt wird, auf wen wird es übertragen? Ist es nicht von jenem Körper auf diesen Körper?

H: Ja, von einem Körper zum anderen.

Sai: Genau! (Daraus folgt: Wenn Swami wirklich als *Avatar* erkannt worden wäre, wären sowohl das Angebot als auch die Frage Seiner Annahme gegenstandslos gewesen, und die Transaktion hätte nicht stattgefunden.)

H: Manchmal spricht Swami vom *Rāmāyana* und vom *Mahābhārata* als handle es sich um historische Ereignisse und manchmal, als seien sie Symbole für die inneren Konflikte, Tugenden, schlechten Eigenschaften usw. jedes einzelnen Menschen. Sind diese Ereignisse und Menschen historische Tatsachen?

Sai: Ja, es sind Berichte über geschichtliche Personen und Ereignisse. Aber als solche sind die Kämpfe und Probleme dieser Familien unbedeutend. Von dauerhafter Bedeutung ist nur der innere, spirituelle Gehalt dieser Geschehnisse. *Rāma* war ein wirklicher Mensch und ein *Avatar*, und *Dasharatha* war Sein Vater. *Krishna* hat gelebt, und die Ereignisse haben wirklich zu Seiner Zeit stattgefunden. Im Laufe der Jahrhunderte ist die Darstellung von *Rāmas* Leben geändert und zum Teil verzerrt worden, und

Swamis Darstellung von *Rāmas* Leben wird für mehrere Zeitalter *(yuga)* zu den klassischen Erzählungen gehören. Zu Zeiten *Krishnas* herrschten andere Vorstellungen, und die damaligen Geschehnisse würden heute in einem anderen Licht gesehen.

H: Swami hat einmal erwähnt, daß wir von *Rāmas* Erscheinung sehr überrascht wären, wenn wir Ihn heute sehen würden.

Sai: Jedes Zeitalter hat seine eigenen Verhältnisse, Traditionen und Werte, und es sollte uns daher nicht wundern, wenn nicht alle so sind wie wir. Selbst in der heutigen Zeit gibt es solche Unterschiede. Im afrikanischen Dschungel haben die Menschen ihre eigenen Vorstellungen von Schönheit. Sie entstellen ihre Lippen, Nasen und Ohren. Im Zeitalter vor *Rāma* benutzten die Menschen die Entfernung von den Fingerspitzen zum Ellbogen als Maßeinheit. Zu jener Zeit war die Norm für die Größe eines Menschen etwa vierzehn mal dieses Maß. So hatte der Körperbau jedes Menschen seine bestimmte Harmonie. Im *"tretāyuga"*, zur Zeit *Rāmas*, war die Normalgröße auf siebenmal die Entfernung von den Fingerspitzen zum Ellbogen zurückgegangen. Im *"kaliyuga"* mißt sie nur das dreieinhalbfache. *Rāma* wird als "Das was bezaubert" beschrieben. Außerordentlicher göttlicher Charme war Sein besonderes Merkmal. Seine Züge waren vollkommen und von einer Schönheit, die jedem, der Ihn sah, zu Herzen ging. Seine Figur war ebenfalls vollkommen, weil Größe und Gliedmaßen miteinander harmonierten.

H: Wir haben gelesen, daß selbst Dämonen dem Charme *Rāmas* nicht widerstehen konnten.

Sai: Die *"yakshas"* wurden Dämonen genannt, aber sogar sie warfen sich vor *Rāma* nieder und erlagen dem Zauber Seiner Erscheinung. Die *"yakshas"* hatten deformierte Gesichter. Manchen fehlten die Nasen, manche hatten sehr tiefliegende Augen.

H: Wie war es mit *Krishna*? Wie könnte man Ihn beschreiben?

Sai: Mit *Krishna* verhielt es sich etwas anders. Er hatte eine unwiderstehliche Anziehungskraft. Jeder fühlte sich zu Ihm hingezogen und wollte Ihm nahe sein.

H: *Krishna* war damals wohl sehr jung, nicht wahr?

Sai: *Krishna* war immer jung. In Jahren gemessen war Er sechs oder sieben Jahre alt. Die *"gopīs"* gingen zärtlich mit Ihm um wie mit einem Kind.

H: Damals gab es Flugzeuge, nicht wahr?

Sai: Das erste war "pushpak", das *Rāvana* benutzte, um *Sītā* zu entführen. Indian Airlines baut jetzt ein kleines Flugzeug gleichen Namens.

H: Wurde Atomenergie als Treibstoff verwendet?

Sai: Nein. Das Flugzeug flog durch die Kraft eines *"mantras"*, einer spirituellen Formel. *"Mantras"* wurden auch benutzt, um Pfeile abzuschießen. Um sie wirkungsvoll zu machen, wurden die Pfeile zum Gegenstand der Verehrung gemacht. Als *Arjuna* von *Krishnas* Tod erfuhr, vergaß er alle *"mantras"* und war vollkommen wehrlos. An bestimmten Festtagen segnen die Bauern auch heute noch ihre Ackergeräte mit einem *"mantra"* und das ist nicht ohne Wirkung.

H: Dann wirken *"mantras"* auch heute noch?

Sai: O ja! Selbst Menschen im Westen, welche die *Gāyatrī* benutzen, erkennen ihre Kraft. Ein *"mantra"* sollte nur von jemandem rezitiert werden, der Erfahrung auf spirituellem Gebiet besitzt.

H: Swami scheint keine *"mantras"* auszugeben. Wennn Seine *Devotees* für ein *"mantra"* reif sind, sollen sie Ihn dann darum bitten oder sagt Er ihnen, wann es so weit ist?

Sai: Heutzutage werden *"mantras"* von allerhand Leuten gegeben, hier und da von dem Leiter einer Gruppe, von einigen *Yogis* usw. *Avatare* haben nie *"mantras"* gegeben. Der *Avatar* macht die Allgegenwart Gottes sichtbar. Das Rezitieren eines *"mantra"* ist begrenztes Denken. Einen *Avatar* zu hören, zu verstehen, was Er sagt, und danach zu handeln ist wichtiger als jedes *"mantra"*. *Krishna* gab den *Pāndava* Brüdern kein *"mantra"*, nicht einmal *Arjuna*. Er sagte einfach: "Tu dies – tu das." Das war genug, und das daraus resultierende Tun war erfolgreich.

H: Babas Lehren tragen den Stempel der Wahrheit, und Seine Worte setzen sich beinahe von selbst in die Tat um. Ihre Autorität hängt noch nicht einmal davon ab, ob Swami ein *Avatar* ist oder nicht.

Sai: Zweifle nicht daran, daß Swami ein *Avatar* ist. Ohne sie gelesen zu haben, beantwortet Baba alle schriftlich an Ihn gerichteten Fragen unverzüglich und bis in die kleinste Einzelheit.

H: Ein Vorfall im Leben *Krishnas*, den ich nicht verstehe, ist, daß *Arjuna* versagte, als Er ihm die Anweisung gab, Frauen und Kinder in Sicherheit zu bringen. Warum?

Sai: *Arjuna* hatte immer *Krishna* in seinem Herzen gefühlt, und das gab ihm Stärke. Als er von Seinem Tode erfuhr, entstand bei ihm der Eindruck, *Krishna* habe ihn verlassen, und mit dem Aufkommen dieses Empfindens verließ ihn seine Kraft.

H: Aber Swami, wenn *Arjuna Krishna* in seinem Herzen hatte, wie konnte Sein Tod dann solch einen Einfluß auf ihn ausüben?

Sai: Achtzig Jahre lang hatte *Arjuna* gefühlt, daß *Krishna* in seinem Herzen war. Der Schock, der eine Reaktion auf die Nachricht von *Krishnas* Tod war, ließ ihn dies für einen Augenblick vergessen. Es war eine Schwäche. Danach war er nicht fähig, die Gewißheit von *Krishnas* Gegenwart in seinem Herzen zurückzugewinnen.

H: Wenn *Arjuna* das Empfinden und die Vorstellung von der Gegenwart *Krishnas* in seinem Herzen behalten hätte, wäre ihm dann seine Stärke geblieben?

Sai: Als er vom Tode *Krishnas* erfuhr, verlor er jedes Interesse an der Welt.

H: Die *"gopīs"* waren vom Schmerz überwältigt, als *Krishna* sie verließ. Sie mußten Ihn aber doch auch in ihren Herzen gehabt haben?

Sai: Bei der Nachricht von *Krishnas* Tod fielen einige der *"gopīs"* tot um, so sehr traf sie der Schock.

H: Dann bestand also bei ihnen nur eine Beziehung zu der Form *Krishnas*?

Sai: Die *"gopīs"* hatten beide Arten der Beziehung. Wegen der vielen Jahre enger Gemeinschaft mit *Krishna* bedeutete ihnen Seine körperliche Gegenwart sehr viel. Aber sie erlebten *Krishna* auch in ihren Herzen. Sie fühlten, daß Er immer bei ihnen war, auch wenn weltliche Ereignisse Ihn von ihnen fernhielt.

H: Wenn *Krishna* so lebendig in ihrem Herzen war, warum dann der furchtbare Schock?

Sai: Als *Krishna* tot war, verloren die *"gopīs"* jede Beziehung zur Welt und zu ihrem Körper. Der einzige Grund, warum sie ihrer physischen Existenz Wert beimaßen, war die Tatsache, daß auch *Krishna* physisch existierte. Ihre Herzen waren völlig rein und *Krishna* war ihr Herz, aber die physische Bindung war auch sehr stark. Du zum Beispiel hast auch den Beweis, daß Swami immer bei dir ist, aber gleichzeitig möchtest du nach Indien kommen, um Swami nahe zu sein, ist es nicht so?

H: Ich habe den Eindruck, daß diese Episode von *Arjuna* und *Krishnas* Tod eine bedeutende Lehre für uns heute enthält.

Sai: Man braucht *Arjuna* nicht als Vorbild zu nehmen. Sei dir nur bewußt, daß Gott jederzeit mit dir und in deinem Herzen ist.

H: Kann ein *Avatar* auch in einem anderen Teil der Welt geboren werden?

Sai: Buddha, Christus, Mohammed und andere waren keine *Avatare*. Sie hatten ein gewisses Maß an göttlicher Kraft. *Avatare* werden nur in Indien geboren, weil nur in Indien die *Shāstras* richtig verstanden werden, und weil es nur hier Weise gibt, die sich durch spirituelle Übungen und inneres Forschen um die Erkenntnis des Absoluten bemühen. Es ist wie bei einem Goldbergwerk. Wo Gold gefunden wird, dort stellen sich Geologen, Ingenieure und erfahrene Bergarbeiter ein. Dort wird das Gold gefördert und dann über die ganze Welt verteilt.

45.

H: Manche Leute besuchen viele *Aschrams*, und es ist ohne Zweifel eine Versuchung, das zu tun.

Sai: Das Leben in Amerika ist so ruhelos, daß die Menschen jedes spirituelle Angebot ergreifen, um etwas Frieden zu finden. Aber dieser Frieden ist vergänglich. Spirituelle Organisationen mögen auf der Anfangsstufe einen gewissen Wert haben. Sie ermutigen den Menschen, mit der Suche nach Gott zu beginnen. Drei Viertel ist Suchen, ein Viertel spirituelle Übungen *(sādhana)*. Jeder hat das Recht, sich ein Urteil über einen Heiligen zu bilden. Wie handelt er? Warum tut er dies oder das? Wer aber viele *Gurus* besucht, gleicht einem Mann, der auf seinem Acker nach Wasser gräbt. Er gräbt hier ein bißchen und dort ein bißchen. Schließlich gräbt er ein tiefes Loch und findet Wasser. Aber sein Acker ist durch die vielen kleinen Löcher, die er vorher hier und dort gegraben hat, unbrauchbar geworden. Hätte er gleich an einer Stelle tief genug gegraben, dann hätte er auch das Wasser sofort gefunden. Der Acker ist das spirituelle Herz. Die Löcher sind die verschiedenen *Gurus*. Das spirituelle Herz wird durch die vielen Löcher zerstört.

Besucher: Was ist ein *Guru*?

Sai: Ein *Guru* ist ein Licht, das einem den Weg erleuchtet, aber das Ziel ist Gott. Dem *Guru* ist man dankbar, aber Gott betet man an. Heutzutage betet man den *Guru* an, und das ist ganz falsch.

H: Angenommen Gott selbst ist der *Guru* – wie sieht die Sache dann aus?

Sai (lacht): Das sieht dann allerdings ganz anders aus. Wer den Herrn als *Guru* hat, braucht sich um gar nichts zu sorgen. So wie eine liebende

Mutter sich um ihr Kind kümmert, so sorgt Gott für jene Gläubigen, die sich Ihm völlig anvertrauen. Es besteht kein Grund, sich die geringsten Sorgen zu machen. Nur Gott ist wirklicher *Guru*. Nur Gott ist im Inneren. Die draußen sind keine *Gurus*. Sie sind Lehrer verschiedener Art. *Guru* bedeutet: "Er, der Dunkelheit beseitigt". Nur Gott kann die Dunkelheit im Innern beseitigen. Das geschieht nur durch die Gnade Gottes.

H: Wozu dann all diese spirituellen Übungen *(sādhana)* – ist es denn nicht möglich, von allem Anfang an den Herrn als *Guru* zu nehmen und Ihm das eigene Leben anzuvertrauen?

Sai (wieder lachend): Das ist nicht so einfach! Es ist sehr schwierig. Zuerst muß man den Geist zähmen. Es ist wie ein wilder Elefant im Dschungel. Er muß erst einmal gefangen und gezähmt werden. Einmal gebändigt gleicht er dem Elefanten im Zirkus, dem ein kleiner Junge befehlen kann, auf einem Hocker zu sitzen. Aber das ist das Ergebnis von Training und Übung.

Besucher: Es scheint sehr schwierig zu sein, den Geist zu zähmen. Kann man nicht den Pfad der Liebe gehen?

Sai: Auch mit der Liebe ist es nicht so einfach. Es kann zu viel weltliche Liebe geben, und das führt zu unüberlegten Handlungen. In Indien ist es deshalb von altersher Sitte, daß Ehefrauen voll und ganz mit häuslichen Aufgaben ausgefüllt sein müssen. Die Liebe zu Gott kann unbegrenzt sein, darin liegt keine Gefahr. "Weltliche" Liebe dagegen muß ihre Grenzen haben. Aber die Liebe zu Gott ist frei und ohne Grenzen. Mangel an Verständnis ist nicht so gefährlich wie Mißverständnis. In Amerika werden Filme, auch wenn sie schlecht sind, ohne Widerspruch hingenommen. Aber in Indien verderben sie die Sitten und zerstören den Respekt vor der Würde der Frau.

Besucher: Wie steht es mit amerikanischen *Gurus*?

Sai: Die Leute kommen von Amerika hierher, lernen etwas *Yoga*, kehren nach Amerika zurück, hängen ein Schild an die Tür mit der Aufschrift "*Yoga*-Institut" und werden als *Gurus* angesehen. Sie lesen ein paar Bücher und bieten Antworten auf alle Fragen an. Der wirkliche Führer lebt seine Philosophie, und dann wenden sich ihm die Leute zu, weil sie sehen, daß er das lebt, wovon er spricht.

H: Was sollen wir von diesen vielen *Gurus* überall in der Welt halten? Einige von ihnen scheinen viel Gutes zu tun, aber Swami hat kein gutes Wort für sie. Sie sprechen sehr gut über das Göttliche, und viele Anhänger scharen sich um sie.

Sai: Das Richtige für solche Leute wäre es, zuzugeben, daß sie Gott nicht kennen. Sie sollten gemeinsam mit ihren Anhängern nach Gott suchen und sich spirituellen Übungen *(sādhana)* widmen. Aber das tun sie nicht. Sie schnappen für dies und jenes eine Antwort auf, lassen diese Information wie eine Schallplatte ablaufen und behaupten, es sei ihre eigene Weisheit. Einer von ihnen hat einen Sohn, auf den er keinerlei Einfluß ausüben kann. Er ist nicht fähig, seine eigene Familie zu leiten, und will doch anderen ein Führer sein. Das ist lächerlich.

H: Ein anderer Typ des *Gurus* ist der Inder, der nach Amerika kommt. Das hervorstechendste Beispiel hierfür ist ein Mann, der international bekannt ist und der Millionen Anhänger hat. Durch ihn bekommen die Leute Interesse für Indien und lernen, zu meditieren. Es gibt Tausende von Berichten über die segensreiche Wirkung, die das auf seine Nachfolger ausübt. Hat nicht ein solcher *Guru* einen gewissen Wert?

Sai: Millionen von Menschen sitzen mit gekreuzten Beinen in Meditation. Nicht einer von ihnen gewinnt Freiheit von der Bindung. Was hat das alles für einen Sinn? Wenn wenigstens der *Guru* Erlösung erlangen würde, hätte es einen gewissen Wert. Aber nicht einmal das geschieht. Und schon der geringste Fehler kann großes Unheil anrichten. Die Folge davon wird sein, daß *Guru* und Schüler verdorben werden. Der scheinbare Segen ist nur vorübergehend; er dauert nicht an. Du hattest sehr viele echte Erfahrungen. Willst du ein *Guru* sein?

H: Gott bewahre! Ich will auf gar keinen Fall ein *Guru* sein. Ich kann mir nichts vorstellen, das mir mehr zuwider wäre. Selbst der geringste Anschein widerstrebt mir!

Sai: Das ist es! Das ist die richtige Haltung. Darum bist du auch ein *Guru*. Der echte *Guru* erklärt sich nicht selbst zum *Guru*. Er fährt mit seinen eigenen Anstrengungen *(sādhana)* fort und hält sich von der Öffentlichkeit fern. Ein oder zwei Leute, die sein Leben beobachtet haben, werden ihm folgen und ihn drängen, ihnen etwas von seinem Wissen mitzuteilen. Diesen Suchenden mag er dann eine echte Hilfe sein.

46.

Sai (zu Beginn eines Interviews mit westlichen *Devotees*): Folge dem Meister im Innern, dem Überbewußtsein *(ātman)*. Das Leben ist eine Herausforderung, führe den Kampf zu Ende. Das Leben ist ein Lied, singe es. Das Leben ist göttlich, verwirkliche es. Leben ist Charakter. Es gibt nur einen Weg: das Leben als Ganzes leben.

Sai (zu einem sechzehnjährigen Jungen aus dem Westen): Was willst du haben?

Der Jugendliche: Erlösung.

Sai: Was ist Erlösung?

Der Jugendliche (nach einigem Zögern): Das Ende des Weges.

Sai: Die wirkliche Bedeutung ist Unsterblichkeit. Der einzige Weg zur Unsterblichkeit liegt in der Überwindung der Sittenlosigkeit. Wer bist du? Du bist nicht das Äußere, nicht der Körper. Wer bist du? Forsche danach. Liebe ist Alles. Verströmende, nicht selbstsüchtige Liebe. Selbstlose Liebe des Selbst, nicht Ego-gebundene Liebe. Alle Menschen sind Frauen. Niemand ist ein Mann. Die Frau gehört dem schwachen Geschlecht an, nicht dem starken. Das Sanskrit-Wort für Frau hat auch die Bedeutung von Schwäche. Alle Menschen sind darin gleich. Haß, Zorn, Eifersucht und Kummer. Männer mögen diese Gefühle besser verbergen, aber sie empfinden sie ebenso. Nur Gott steht über den Gefühlen. Alle anderen stehen gleichermaßen unter ihrem Bann. Gott ist das einzige männliche Wesen. In einem Theaterstück, das in einem Mädchen-College gespielt wird, mögen Männer auf der Bühne erscheinen, aber die Darsteller sind Mädchen, die als Männer verkleidet sind. Diese Welt ist ein Mädchen-College. Einige spielen nur männliche Rollen. Ihrem Wesen nach sind alle gleich. Alle sind Frauen. Das Leben ist die kosmische Bühne, und ihr seid die Schauspieler. In einer Szene mag ein Schauspieler die eine Rolle spielen und in anderen Szenen andere. Schöpfung bedeutet Veränderung. Nichts ist unveränderlich. Jeder Augenblick bringt Veränderung. Wie kann diese veränderliche Welt dem Menschen, der selbst der Veränderung unterworfen ist, Glückseligkeit bringen? Beständige Glückseligkeit, die keinen Wandel kennt, kannst du nur durch Unsterblichkeit erlangen. Wissenschaftler führen heute Versuche durch, deren Schlußfolgerungen morgen überholt sind. Die Welt fährt fort, sich zu überholen. Was die Wissenschaft weiß, ist mikroskopisch klein im Vergleich zu der Unendlichkeit dessen, was zu wissen bleibt. Denkt an das

Atom: Ohne das Atom existiert nichts. Alles besteht aus Atomen. Auch der Mond besteht aus einer Ansammlung von Atomen. Sie sind aktiv, niemals inaktiv. Wie kann man daher den Mond als inaktiv bezeichnen? Durch die Atome ist das ganze Universum aktiv. Wo kommt diese Energie her? Elektronen, Neutronen, Protonen – wo kommt dieses Wissen her? Die Wissenschaftler fragen, wie diese Dinge vor sich gehen. Aber sie fragen nicht "warum?" Die Antwort auf das "Warum" lenkt euch zum Göttlichen. Die Grundenergie ist göttliche Kraft *(shakti)*. Jede andere Energieform ist eine Ableitung davon. Wo kommt also Atomenergie her? Es ist göttliche Energie.

Hislop hat die Frage gestellt: "Was ist ein Studienkreis?" Es ist nicht einfach das Lesen von Büchern. Kreis, Studienkreis bedeutet, einen Punkt herauszugreifen, zu dem jeder Stellung nimmt, indem er beschreibt, was er für ihn bedeutet – wie ein Rundgespräch. Jeder legt seinen Gesichtspunkt dar, und am Ende werden daraus Schlüsse gezogen. Wenn nur gelesen wird, bleiben Zweifel. Aber wenn jeder seine Ansicht äußert, werden die Zweifel beantwortet. Das Thema wird beleuchtet, und der Studienkreis läßt die verschiedenen Seiten sichtbar werden. Es ist wie bei einem geschliffenen Diamanten, der viele Facetten hat. Aber es gibt eine Facette, die flach ist, und von der aus alles betrachtet werden kann. Diese zu entdecken, ist die Aufgabe eines Studienkreises. Dazu können Swamis Reden oder andere Schriften benutzt werden. Greift einen Punkt heraus, laßt alle darüber nachdenken und sprecht darüber, bis alle Zweifel beseitigt sind. Wenn nur einer vorliest, wird nur eine Bedeutung sichtbar. Nur wenn alle Mißverständnisse und alle Gesichtspunkte ans Tageslicht gebracht worden sind, werden die Mitglieder des Studienkreises Vertrauen gewinnen. Darüber besteht kein Zweifel. Wenn nur vorgelesen wird, mag das für ein oder zwei Jahre gut gehen, aber dann wird es langweilig. Die Zentren müssen richtige Studienkreise haben, dann wird niemand merken, wie die Zeit vergeht. Jeder hört aufmerksam zu und leistet seinen Beitrag. Die Bibel, der Koran, die *Gītā*, Swamis Bücher können dazu benutzt werden. Was ihr braucht sind Studienkreise, Rundgespräche, in denen jedem die Gelegenheit gegeben wird, seine Ansicht zu äußern.

Wissenschaftler (der Vater des Sechzehnjährigen, den Swami zuvor gefragt hatte)**:** Viele Dummköpfe machen keinen Weisen.

Sai: Nur intelligente Leute werden sich die Mühe machen einen Studienkreis zu besuchen. Auf manchen Gebieten mögen auch sie Dummköpfe sein. Es gibt zum Beispiel hier einen bekannten Arzt, der große Operationen ausführt, aber ungeschickt ist, wenn es darum geht, Verbände anzulegen. Er überläßt das der Schwester und vertraut darauf, daß sie es richtig macht. Das Leben besteht aus dieser Mischung. Ein Mensch, der dualistisch denkt, ist halb blind. Jeder ist auf irgendeinem Gebiet halb blind. Nur wer das Göttliche erkannt hat, erkennt durch das eine Studium alle Zusammenhänge. Im allgemeinen fehlt es dem Menschen an gesundem Menschenverstand. Gesunden Menschenverstand braucht man im täglichen Leben, und darauf kommt es an. Jedes Fachgebiet ist nur eine Straße. Die Entwicklung des gesunden Menschenverstandes jedoch ist eine spirituelle Leistung, die zur Meisterschaft führt. In manchen Familien werden die Eltern von Kindern, die studiert haben, nicht respektiert, aber der gesunde Menschenverstand verlangt, daß den Eltern Achtung entgegengebracht wird. Gesunder Menschenverstand ist notwendig. Demut und Liebe sind göttlich. Wenn ihr Meister auf einem Fachgebiet werdet und dadurch Intoleranz und Ego entwickelt, dann sind dies Feinde auf dem spirituellen Weg.

Wissenschaftler: Es wird aber allgemein anerkannt, daß die Wissenschaften sehr wertvoll sind.

Sai: Bis zu einem bestimmten Punkt hilft die Wissenschaft und leistet der Menschheit große Dienste. Aber Baba weiß, was die Wissenschaft nicht weiß. Baba lebt auf einer Ebene, die außerhalb der Reichweite der Sinne liegt. Nicht alles, was Er weiß, kann auf einer niedrigeren Ebene verständlich gemacht werden. Bei zu starkem Strom brennt die Birne durch. Man muß die Wattstärke kennen. Swami, der die Aufnahmefähigkeit des einzelnen kennt, verleiht Seine Kraft dementsprechend. Swami ist der Diener. Er wartet am Eingang des Altarraums, um dir zu geben, wonach du verlangst. Es ist Swamis Pflicht, der Diener Seiner *Devotees* zu sein. Da ist kein Raum für irgendwelches Ego. Ein kleines Beispiel: Auf einer Weltkarte scheint Amerika nicht sehr groß zu sein, Kalifornien ist ein kleiner Fleck, Hislops Haus nur ein Punkt und Hislop selbst ist nicht sichtbar. Für eine Person, die so klein ist, daß man sie nicht sehen kann, so vergänglich in der Weite des Universums, ist es eine Schande, ein Ego zu haben. Jede Person mit einem Ego ist ein Schandfleck. Wenn ihr eure Vorstellung über euch selbst erweitert und erkennt, daß ihr Gott seid, gibt es keinen Grund und keinen Raum für ein Ego. Aber auch wenn ihr euch zurechtschrumpft auf die Größenordnung, die der Weite des Universums angemessen ist, bleibt kein Raum für das Ego. Das Größte oder das Kleinste, das spielt keine Rolle. Es ist das Mittlere, das unter Druck steht.

H: Nach Swamis Beschreibung des Gespräches, das in einem Studienkreis stattfinden soll, sollte dieser Kreis auf ungefähr zehn Teilnehmer beschränkt bleiben.

Sai: Warum? Es könnten hundert sein.

H: Aber Swami, in einem solch großen Kreis würde man doch nicht einmal mit einem Punkt fertig werden.

Sai: Das stimmt nicht. Von der Gruppe hier haben nur Hislop und der Wissenschaftler Fragen gestellt. In einem Studienkreis wird nicht jeder etwas zu sagen haben.

H: Oh, ich verstehe.

Wissenschaftler: Ich sprach in Kopenhagen über Swami, und einige Wissenschaftler, die interessiert waren, hatten einen Plan. Es gibt Dinge, die man nicht sehen kann. Die Wissenschaftler wissen darum, können sie aber nicht beweisen.

Sai: Es ist Babas Aufgabe, die Herzen der Menschen zu transformieren.

H: Sie versuchen, Baba zum Gegenstand von Experimenten zu machen. (Der Wissenschaftler und seine Kollegen hatten seit mehreren Jahren versucht, Swami dazu zu bringen, sich für Versuche mit Kabeln, elektronischen Meßgeräten und ähnlichem zur Verfügung zu stellen.)

Sai: Baba kann die Wissenschaftler transformieren, aber die Wissenschaftler können sich selbst nur transformieren, wenn sie ein spirituelles Leben beginnen. Sie beschäftigen sich nur mit Physik. Philosophie beginnt, wo die Physik aufhört. Physik ist nützlich, aber sie besteht nur aus Information. Spirituelles Leben bedeutet Transformation.

Wissenschaftler: Baba tut Wunder, um Ungläubige aufzurütteln.

Sai: Baba tut das um Seiner selbst willen. Laß die Wissenschaftler kommen, und Ich werde sie transformieren. Die spirituelle Welt liegt jenseits der Materie. Alles Materielle ist mit Leid verbunden. Haben die großen Wissenschaftler Mitgefühl und inneren Frieden? Nein. Sie haben Sorgen über Sorgen. Was gebraucht wird, ist die Vereinigung des spirituellen mit dem weltlichen Leben. Das spirituelle Leben muß zuerst entwickelt werden. Dann lebt ein spirituelles Leben in der Welt, ein Leben auf zwei Ebenen. Spirituelles Leben ist Qualität, weltliches Leben ist Quantität.

Wissenschaftler: Es ist wichtig, den Wissenschaftlern zu erlauben, die Versuche durchzuführen.

Sai: Welchen Wert hat es?

Wissenschaftler: Wenn sie sich durch wissenschaftliche Methoden davon überzeugen können, daß die Wunder echt sind, dann wird der Glaube an Dich folgen.

Sai: Welchen Gewinn hat die Welt, wenn sie das glauben? Da ihr Verständnis so beschränkt ist, werden ihre weltlichen Wünsche zunehmen.

Wissenschaftler: Alles braucht seine Zeit. Die Wissenschaft erarbeitet ihre Ergebnisse nur schrittweise.

Sai: Selbst das Verständnis ihrer eigenen Wissenschaft ist ungenügend. Es ist gut, daß sie nur langsam vorankommen.

47.

Besucher: Ist es nicht besser, eine ausgebildete Kinderschwester für die Pflege eines Kindes einzustellen, wenn die Mutter zu nervös ist, um für das Kind zu sorgen?

Sai: Die Kinderschwester gibt bezahlte Liebe, die Liebe einer Mutter aber kommt von Herzen. Überläßt man ein Kind den Bediensteten, wird sein Denken sich auf deren Niveau entwickeln.

Besucher: Swami, der Zementboden in meinem Zimmer ist sehr hart.

Sai: Baba gibt Unterweisung durch das Leben im *Aschram*. Früh aufstehen und früh zu Bett gehen macht den Geist klar und munter. Lebt auf dem Boden, damit ihr lernt, daß der Körper nur wenige echte Bedürfnisse hat.

48.

(Hislop und ein Dolmetscher frühstückten mit Swami, als Herr XY und Herr CD den Raum betraten. Herr XY fiel Swami zu Füßen. Er brach in Tränen aus und es war offensichtlich, daß ein schwerer und trauriger Anlaß ihn zu Swami geführt hatte. Hislop und der Dolmetscher verließen sofort den Raum. Kurz darauf gingen die beiden Männer, und Baba rief Hislop und seinen Begleiter wieder zu sich. Um die Vertraulichkeit zu wahren, werden die Namen der Personen nicht genannt.)

Sai: Sais Mutter starb während des Sommerlehrgangs. Sai veranlaßte die Überführung der Leiche nach *Puttaparthi*, aber Er begleitete sie nicht. Seine Aufgabe war der Lehrgang. Der Fall des Herrn XY veranschaulicht, wie Swami sich um Seine *Devotees* kümmert. Im Hause des Herrn XY befanden sich nur die Frauen und der Leichnam von Frau XY. Es war niemand da, der sich um sie kümmern konnte, nicht einmal ein Priester, um die erforderlichen vedischen Hymnen zu singen. Swami fuhr zusammen mit einem vedischen Priester aus dem *Aschram* von *Prashanti Nilayam* direkt zum Haus des Herrn XY. Swami tröstete die Frauen und veranlaßte alles Notwendige, bevor Er nach *Brindāvan* weiterfuhr. Dann schickte Er einen der älteren Männer von *Brindāvan* zu dem Haus, damit die Frauen über Nacht nicht alleine wären. Sai ist der nächste und wirkliche Verwandte Seiner *Devotees*. Die Frauen im Hause des Herrn XY vergaßen ihren Schmerz und wurden glücklich durch die Gnade, mit der Sai sie überschüttete.

H: Niemand hat Swami die Nachricht gebracht, aber irgendwie muß Er gewußt haben, daß die Frau starb.

Sai: Swami wußte es lange bevor sie starb. Damals schon traf Er alle notwendigen Vorbereitungen. Er schickte Hislop sogar am Dienstag, dem 16. eine besondere Botschaft, daß die Feier im College am 25. nicht stattfinden werde, er den Studenten aber nichts sagen solle. Frau XY wurde an einem Vollmondtag geboren und starb an einem Vollmondtag.

H: Warum starb sie? War ihre Zeit abgelaufen?

Sai: Ihre Zeit war schon vor einigen Jahren abgelaufen. Aber sie hatte zu Swami gebetet, daß sie vor ihrem Tode noch die Hochzeit ihres Enkels und die Feierlichkeiten zu Swamis Geburtstag erleben dürfe. Swami erfüllte ihre Bitte. Obwohl sie es nicht erwähnte, hatte sie noch einen dritten Wunsch. Sie wollte vor ihrem Tode noch einige Tage mit ihrem jüngsten Sohn verleben. Als sie im November in *Prashanti Nilayam* war, sagte sie Swami, daß sie, da ihr Enkel nun verheiratet sei und sie Swamis Geburtstagsfeierlichkeiten hier erlebt habe, jederzeit bereit sei zu sterben. Die Hauptwünsche ihres Lebens seien alle in Erfüllung gegangen. Swami erwiderte darauf, daß – wenn sie jetzt sterben würde – ihr Mann, der gerade im Ausland war, nicht da sein würde. Sie sagte, daß Swami hier sei und daß sie sich nur auf Ihn und niemand anderen verlasse. Swami sagte ihr, sie solle für einige Tage ihren jüngsten Sohn besuchen, und das tat sie. Am 18. Dezember wollte sie nach Hause fahren, weil sie am 19. ihren Mann von seiner Reise zurückerwartete. Ihr Sohn fuhr sie am 18.

zum Flughafen. Sie saß im Rücksitz des Autos und unterhielt sich mit ihm. Dann brach die Unterhaltung ab. Sie wurde still. Der Sohn drehte sich um und sah, daß sie in sich zusammengesunken war. Sie war tot.

H: Ohne Schmerzen?

Sai: Keine Schmerzen, kein Leiden. Sie war bei guter Gesundheit und augenblicklich tot. Der Sohn drehte um und fuhr wieder nach Hause. Wenn die Mutter im Flughafen gestorben wäre, wäre die Leiche beschlagnahmt worden. So konnte der Sohn wieder nach Hause fahren. Als er dort ankam, erwartete ihn eine telefonische Nachricht von Baba. Baba hatte einen Herrn der *Aschram*-Verwaltung mit diesem Telefonanruf beauftragt. Die Nachricht lautete: "Bringe die Leiche sofort zum Haus deines Vaters." Der *Aschram*-Beamte war verwirrt, denn er wußte nichts von einer "Leiche". Dann rief Swami Herrn CD an, den Mann, der gerade Herrn XY zu Swami gebracht hat, und bat ihn, nach Bombay zu fliegen, um Herrn XY dort am Flughafen zu treffen und hierher nach *Brindāvan* zu bringen. Das ist der Vorgang, dessen Zeuge du gerade gewesen bist. Herr CD hatte den Auftrag, Herrn XY die Nachricht vom Tode seiner Frau erst kurz vor seiner Ankunft hier zu übermitteln. Als du Herrn XY sahst, war er von der plötzlichen Nachricht tief erschüttert. Die Ereignisse waren in ihrer Folge vollkommen aufeinander abgestimmt. Wenn *Devotees* ihr Leben an Gott hingeben und Ihm gehorchen, dann übernimmt Er die Verantwortung und sorgt für sie bis in alle Einzelheiten. Ein letzter Punkt: Als Swami von *Prashanti Nilayam* kommend das Haus des Herrn XY betrat, veranlaßte Er, daß die Leiche aufgebahrt und einbalsamiert wurde und so blieb, bis Herr XY nach seinem Besuch bei Swami, der ihn tröstete, nach Hause kam. Dadurch, daß Er die Einzelheiten harmonisch aufeinander abgestimmt hatte, erlaubte Swami Herrn XY sogar, seine Frau noch einmal zu sehen und angemessen Abschied von ihr zu nehmen.

H: Swami! Wir haben gerade einen Teil einer erstaunlichen Geschichte miterlebt. Wie ist das möglich? Swami hält das ganze Universum in Seiner Hand. Er ist für das unvorstellbar unendliche Universum verantwortlich. Wie kann Er dann gleichzeitig dem Leben einzelner *Devotees* soviel Aufmerksamkeit schenken?

Sai: Es ist wie du sagst. Swami hält das Universum in Seiner Hand. Aber die persönliche Erfahrung Seiner Macht und Herrlichkeit lernen die *Devotees* durch die Aufmerksamkeit kennen, die Swami jedem einzelnen zuteil werden läßt. Daß Swami das Universum zusammenhält und gleichzeitig in allen Einzelheiten für das Leben Seiner *Devotees* sorgt, ist ein Zeichen Seiner Machtvollkommenheit, das der *Devotee* verstehen kann.

H: Swami! Wie kommt es, daß Swami einmal, wie im Falle des Todes der Frau XY, alles harmonisch regelt, daß aber ein anderer Fall, von dem wir gerade vor der Ankunft des Herrn XY sprachen, alles andere als harmonisch, sondern höchst verworren ist. Das ist mir ein großes Rätsel.

Sai: Es hängt von den Menschen ab, um die es sich handelt. Im Falle eines *Devotees* mit reinen Gedanken und einem reinen Herzen, der sein Leben ganz Baba hingegeben hat, übernimmt Er volle Verantwortung für das Leben dieses *Devotees* und sorgt für ihn. Wenn aber jemand ein großes Ego hat und sich auf dieses Ego anstatt auf Baba verläßt, dann hält Er sich fern und mischt sich nicht ein.

H: Ah, ich sehe den Unterschied.

Sai: Swami könnte auch die Situation jener Person in Ordnung bringen. Wenn aber ein großes Ego vorhanden ist und der Mensch dem Verlangen dieses Ego nachzugeben wünscht, dann mischt Swami sich nicht ein, sondern läßt den Menschen tun, was er will.

H: Swami sagt, man solle die Wurzel des Verlangens ausreißen. Was bedeutet das: "die Wurzel ausreißen"?

Sai: Wenn ein Verlangen aufkommt, dann analysiere es. Wenn es gut für dich ist und niemandem schadet, dann befriedige es. Wenn es nicht gut ist, schiebe es sofort beiseite. Wenn du nicht sicher bist, tue nichts, bis die Unsicherheit geklärt ist.

H: Ist es falsch, einen Menschen zu kritisieren?

Sai: Wenn man bei der Beurteilung seines Verhaltens langsam und behutsam vorgegangen ist, ist es nicht falsch, Kritik zu üben.

49.

Besucher: Wie kann man einen Glauben bekommen, wenn man nicht einmal genug Zeit für die Meditation hat?

Sai: Das ist nicht wahr. Es ist immer genug Zeit vorhanden, sich zu unterhalten, Besuche zu machen, ins Kino zu gehen usw. Es ist bestimmt auch Zeit da für das Meditieren.

Besucher: Nach der Meditation fühlt man sich so gestärkt. Wo kommt diese Kraft her, und in welcher Beziehung steht sie zur Meditation?

Sai: Die Kraft kommt von Gott. Die Beziehung zwischen Gott und dem *Devotee* ist Liebe. Es ist fast unmöglich, sich der Beziehung zu Gott bewußt zu sein. Gott ist das Subtilste vom Subtilen, und die Beziehung zu Ihm ist gleichermaßen subtil.

Besucher: Hat Swami gesagt, daß es am besten ist, zweimal täglich zu meditieren?

Sai: Der frühe Morgen ist am besten geeignet. Der Geist ist dann ruhig und steht noch nicht unter dem Druck der Pflichten.

H: Kann man auch von Zeit zu Zeit während des Tages meditieren?

Sai: Während des Tages ist es schwierig. Andere Menschen sind um uns herum, und es gibt vieles zu tun. Wenn man versucht zu meditieren, könnte die Arbeit darunter leiden.

Besucher: Was ist Meditation?

Sai: Wirkliche Meditation ist völliges Aufgehen in Gott als dem einen Gedanken, dem einen Ziel – Gott, nur Gott, nur Gott allein. Denke Gott, atme Gott, liebe Gott, lebe Gott.

Besucher: Wie ist es mit Konzentration?

Sai: Konzentration bedeutet, daß alle Sinneswahrnehmungen und alle Wünsche ausgeschaltet werden und nur Gott da ist. Die Konzentration *Rāmakrishna Paramahamsas* war so intensiv, daß ihm so etwas wie ein Schwanz wuchs, als er über *Hanuman*, den Affen, meditierte. Sein Körper war unter dem Einfluß der Konzentration wie eine sich verändernde Seifenblase. Für die Meditation sind besondere Konzentrationsübungen nicht notwendig. Konzentration tritt schon in Kraft, sobald Geist, höhere Intelligenz und Sinne benutzt werden. Ohne Konzentration könntet ihr nicht einmal gehen. Man braucht das nicht besonders zu üben. Konzentration ist den Sinnen untergeordnet, Meditation ist den Sinnen übergeordnet. Zwischen Konzentration und Meditation steht die Kontemplation als Übergang. Erst Konzentration, dann Kontemplation und danach Meditation. Solange man denkt: "Ich meditiere", ist es Denken und nicht Meditieren. Wer ganz in Gott versunken ist, läßt jede Form beiseite und verschmilzt mit Ihm. In diesem Zustand hört das Denken ganz natürlich auf.

Besucher: Baba sagt, man soll in der Meditation jegliche Form weglassen, aber wir beten Swamis Form an.

Sai: Das könnt ihr ruhig tun. Aber wer Baba nahe kommt, gibt die Vorstellung der Form auf. In diesem Augenblick siehst du Baba. Stellst du Ihn dir immer noch vor?

Besucher: Was soll ich tun? Ich meditiere über die Frage: "Wer bin ich?"

Sai: Die *Ramana Maharshi* Methode der Selbsterforschung allein ist nicht gut. Sie muß mit Meditation Hand in Hand gehen. Es ist wichtig, immer am selben Platz zur selben Zeit zu meditieren. Auf diese Weise stellt sich der Erfolg ein. Wenn man nicht zu Hause, sondern auf Reisen ist, kann man sich den gewohnten Platz innerlich vorstellen. Es ist unnötig, nach der Wahrheit zu suchen, die Wahrheit ist überall zu jeder Zeit. Man muß Wahrheit leben, nicht danach suchen. "Ko'ham?" (Wer bin ich?) ist der Schrei des neugeborenen Kindes. Nach einem Leben spirituellen Bemühens *(sādhana)* sagt der alte Mensch: "Ich bin Gott *(so'ham)*." Wenn ihr nicht mehr hier bei Swami seid, wird die Batterie wieder "aufgeladen", indem ihr euch an dies und jenes erinnert, das Swami während eures Hierseins getan hat. Das ist auch echte Meditation. Meditation ist ständige Beschäftigung mit den Fragen: "Wer bin ich? Was ist Wahrheit? Was ist egoistisch, was ist liebevoll, was ist unfreundlich?" Meditation ist das Denken an spirituelle Grundsätze und daran, wie man Swamis Lehren im eigenen Leben anwenden kann.

H: Herr X übt *"kriyāyoga"*.

Sai: Sein *"kriyāyoga"* ist schlecht.

H: Er meditiert viel und praktiziert *"kundalinīyoga"*.

Sai: *"Kundalinīshakti"* ist die Übereinstimmung von Denken und Handeln.

H: Aber Swami, unter *"kundalinīyoga"* versteht man doch, daß die *"kundalinī"* Energie die Wirbelsäule hochsteigt.

Sai: Das ist nicht wirklich so. Es ist nur Gerede. Die Leute behaupten, daß sie diese Erfahrung machen und geben damit an. Es ist nichts weiter als dickes Ego.

H: Will Swami damit sagen, daß es in der Tat keine *"kundalinī"* Energie oder Kraft gibt, die vom unteren Ende des Rückgrates nach oben steigt?

Sai: So etwas gibt es nicht. Es ist nur großes Gerede und Ego. *Yogi* "S" (ein *Yoga* Lehrer) ist habgierig, egoistisch und voller Haß.

H: Swami hat aber sonst die Beherrschung des Atems *(prānāyāma)* und das Zurückziehen in das innere Bewußtsein *(pratyāhāra)* gutgeheißen.

Sai: Zuerst muß man die äußeren, dann die inneren Sinne beherrschen lernen, damit sich die innere Ausgeglichenheit, die an Freiheit grenzt, einstellt. Denn Freiheit ist die Frucht der Weisheit. Erst dann kommen *"prānāyāma"* und *"pratyāhāra"*.

H: Aber Swami lobt diese beiden Übungen. Was soll der *Devotee* denn nun tun?

Sai: Alle diese Übungen wie *"hathayoga"* usw. sind so etwas wie Prüfungen. Man studiert und besteht ein Examen. Das stärkt das Selbstvertrauen, und man ist stolz darauf. Es ist, als ob man das College besuchte. In diesem "College" gibt es im wesentlichen acht Stufen, die man sich erarbeiten muß. Es ist aber nur für diejenigen notwendig, die ein College besuchen. Für jene, die sich ganz Gott hingegeben haben und die Gott von ganzem Herzen lieben, sind diese "College-Klassen" ohne Bedeutung und nicht notwendig. Sie sind vollkommen überflüssig.

H: Befindet sich das göttliche Selbst *(ātman)* an einer bestimmten Stelle im Körper, auf die man seine Aufmerksamkeit in der Meditation richten kann? Hat Es dort einen "Sitz"?

Sai: *"Ātman"* ist überall, aber während der Meditation kann man annehmen, daß das Lebensprinzip zehn "Zoll" über dem Nabel, im Zentrum der Brust sitzt. Ein "Zoll" ist hier die Breite des Daumens am ersten Glied.

H: Ich habe gelesen, daß der Sitz des *"ātman"* auf der rechten Seite der Brust zu finden ist, dort wo man auf sich selbst deutet.

Sai: Das ist Ansichtssache. Linkshänder deuten auf eine andere Stelle.

H: Es besteht die Frage: Wie lange soll man meditieren?

Sai: Darauf gibt es keine Antwort. Es ist keine bestimmte Zeit vorgeschrieben. Meditation ist in Wirklichkeit ein Vorgang, der den ganzen Tag über andauern sollte.

H: Swami hat darauf hingewiesen, daß wir uns in unserem täglichen Leben schon sehr häufig konzentrieren. Warum erfolgt dann Konzentration im spirituellen Bereich nicht von selbst?

Sai: Nichts kann ohne Konzentration getan werden. Man ist den ganzen Tag über konzentriert. Warum ist dieselbe Konzentration im spirituellen Bereich so schwierig zu erlangen? Weil der Geist nach außen gerichtet und durch Wünsche an materielle Dinge gebunden ist. Der Geist kann aber daran gewöhnt werden, sich nach innen zu konzentrieren, und das Herz kann dazu erzogen werden, in der Liebe zu Gott weit zu werden und zu wachsen. Wie? Durch spirituelle Übungen *(sādhana)*. Das beste *"sādhana"* ist, jede Handlung während des Tages als Gottesdienst anzusehen. Gott ist der elektrische Strom, das Herz ist die Glühbirne. Die Kabel sind die Disziplin, der Schalter ist die höhere Intelligenz und der Akt des Einschaltens ist die Morgen-, Mittag- oder Abend-Meditation.

Wenn erst einmal der elektrische Schalter, die Kabel und die Glühbirne vorhanden sind, geht alles von selbst. Einfach einschalten, und es wird hell. Man errichtet einen Zaun um einen jungen Baum, um ihn zu schützen. Dieselbe Vorsichtsmaßnahme muß beim Meditieren getroffen werden. Die Leute glauben, daß es nicht darauf ankommt, wo man meditiert. Es gibt Strahlungen, Gedankenkräfte und magnetische Kraftfelder. Deshalb übt die Erde eine solch starke Anziehungskraft aus. Es ist ratsam, sich während der Meditation von diesen Strahlen zu isolieren. Aus diesem Grund sitzen die Meditierenden auf einem Brett und bedecken ihre Schultern mit einem wollenen Schal. Wer in seiner Meditation stark genug geworden ist, kann überall meditieren; nichts wird ihn stören.

H: Zwischen einem Gedanken und dem nächsten muß es doch eine Sekunde oder den Bruchteil einer Sekunde Gedankenstille geben und so auch zwischen Schlaf und Erwachen. Ist dieser Augenblick nicht etwas Besonderes?

Sai: Finde es selbst heraus. Fahre fort, dich darin zu üben, den Augenblick zwischen Schlaf und Erwachen einzufangen. Tue es mit Liebe.

H: Swami, wenn man eine Leiche sieht, kann man verstehen, daß der Körper an sich nicht lebendig ist. Aber wie verbindet sich der Geist mit einem Körper, der nur träge Masse ist?

Sai: Hier ist die träge Masse des Körpers, dort das höchste Bewußtsein. Dazwischen steht der Geist, der auch träge ist, der aber, weil er von Bewußtsein durchdrungen ist, lebendig zu sein scheint. Das ist ebenso wie mit Eisen, das erhitzt wurde und glüht. Es glüht, weil es von Feuer erhitzt wurde. Es ist also nicht die Hitze des Eisens, die es zum Glühen bringt, sondern die des Feuers. Der falsche Eindruck entsteht durch das Denken. Alle Probleme und Komplikationen haben ihre Ursache darin, daß das Ich sich mit dem Körper identifiziert. Da es euer Geist ist, der diese Täuschung hervorgebracht hat, ist es auch euer Geist, der umkehren und durch Unterscheidungsvermögen, Entsagung und Selbsterforschung eure wahre Natur erforschen muß. Beide, Ego und Intelligenz, können hier in den Begriff "Geist" miteinbezogen werden.

H: Swami, im Westen konzentrieren sich manche *Devotees* in der Meditation nur auf Licht, nicht auf die bestimmte Form des Kerzenlichts, sondern auf formloses Licht, welches sie projizieren. Ist es richtig, formloses Licht als Objekt der Konzentration zu nehmen?

Sai: Es ist nicht zweckmäßig, den Versuch zu machen, sich auf das Formlose zu konzentrieren. Dadurch, daß man sich auf die Flamme *(jyotis)* konzentriert, schafft man sich so etwas wie ein Bild. Das Objekt der Konzentration mag ein Laut, ein Bild, wie z.B. das der Flamme sein. Es muß aber etwas Konkretes sein, denn es ist nicht leicht, den Geist auf das Abstrakte auszurichten.

H: Gibt es einen bestimmten Weg, auf dem wir die Flamme im Körper bewegen sollten?

Sai: Die Flamme *(jyotis)* wird erst zum Herzen bewegt, das man sich als Lotosblume vorstellt, deren Blütenblätter sich öffnen. Von da bringt man es zu anderen Teilen des Körpers. Das muß nicht in einer bestimmten Reihenfolge geschehen. Wichtig ist nur, daß die Endstation der Kopf ist. Dort wird das Licht zur Krone, die den Kopf umgibt und bedeckt. Dann wird das Licht nach außen getragen – vom Einzelnen zum Universalen. Bewegt das Licht in die Herzen eurer Verwandten, Freunde, Feinde und zu den Bäumen, Tieren und Vögeln, bis die ganze Welt und alle ihre Formen darin eingetaucht sind und ihr seht, daß es dasselbe göttliche Licht ist, das überall und in jedem Wesen ebenso leuchtet wie in euch selbst. Die Vorstellung, daß man das Licht ins All trägt, daß es universal ist, besagt, daß dasselbe göttliche Licht in jedem und allem gegenwärtig ist. Um diese Allgegenwart fest ins Bewußtsein einzuprägen, lassen wir das Licht, ausgehend vom eigenen Körper, sich außerhalb des Körpers ausbreiten. Man sollte verstehen, daß das, was in tiefer Meditation geschieht, nicht das Denken an das Licht, sondern das Vergessen des Körpers ist. So macht der Meditierende die direkte Erfahrung, daß er selbst nicht der Körper ist. Wenn der Körper völlig vergessen wird, erreicht man den Zustand der Kontemplation. Das kann nicht erzwungen werden, sondern kommt ganz von selbst und ist die natürliche Folge der richtigen Konzentration. *Vivekānanda* erzählte, daß es ihm während der Meditation nicht möglich war, seinen Körper zu finden. Wo war sein Körper? Er konnte ihn nicht finden. Wenn man das Licht sieht und es hierhin und dorthin bewegt, beschäftigt man den Geist, damit er nicht an dieses und jenes denkt und dadurch das allmähliche Ruhigwerden verhindert. Wenn man das Licht sich so ausbreiten läßt, daß es universal wird, wenn man es in jedem anderen Körper sieht, und man so konzentriert ist, daß man sich seines Körpers nicht länger bewußt ist, hat man den Zustand der Kontemplation erreicht. Sobald diese sich vertieft, folgt das Stadium der Meditation ganz von selbst. Es kann nicht erzwungen werden. Wenn der Meditierende sich seiner selbst bewußt bleibt und weiß, daß er meditiert, meditiert er nicht. Er befindet sich in einem vorbereitenden Stadium am Anfang der Konzentration. Es gibt drei Stufen: Konzentration, Kontemplation und Meditation. Die Kontemplation führt ganz natürlich zur Meditation. Meditation bedeutet, den Sinnen entrückt sein. Im Zustand der Meditation fallen der Meditierende, das Objekt der Meditation und der Vorgang des Meditierens weg, es bleibt nur eins, und dieses Eine ist Gott. Alles, was veränderlich ist entfällt, und nur *"tat tvam asi"* – "Das bist du" ist die Seinsebene, die bestehen bleibt. Wenn man allmählich zu seinem gewohnten Bewußtseinszustand zurückkehrt, wird das Licht wieder in das eigene Herz gebracht, und dort brennt es während des ganzen Tages.

H: Swami sagt, daß in der Konzentration auf die Form Gottes der Übergang zur Kontemplation und zur Meditation natürlich, ohne das Wollen des Meditierenden eintritt. Wie verhält sich das aber mit der Licht-Meditation, in welcher der Meditierende das Licht absichtlich und mit dem eigenen Willen hierhin und dorthin bewegt?

Sai: Konzentration findet unter dem Einfluß der Sinne statt, Meditation vollkommen jenseits der Sinne, während Kontemplation dazwischen liegt. Sie spielt sich teilweise innerhalb und teilweise jenseits der Sinne, in einem Grenzgebiet ab. Diese drei Stadien gehören zur Erfahrung der echten Meditation, gleichgültig, ob das erwählte Objekt Form oder Licht ist. Da besteht kein wesentlicher Unterschied. Wenn der Meditierende die Form Gottes, die er verehrt, gewählt hat, kann er diese Form mit dem Licht verschmelzen lassen. Sie ist dann der Gegenstand seiner Konzentration, den er innerhalb des Lichtes, wohin es auch bewegt wird, sieht. Die Konzentration kann aber auch nur auf die Form Gottes ausgerichtet werden, denn Gott ist in jeder Form gegenwärtig. Auch hier ist das gewählte Objekt nur ein Instrument, das dazu verhilft, tief in die Stille einzutauchen und den Körper, der nicht das Selbst ist, aus dem Bewußtsein fallen zu lassen. Alles, was konkret ist, wie Licht, Form oder Klang, kann als Objekt der Konzentration gewählt werden. Auf direktem Wege, ganz ohne Hilfsmittel kann das Stadium der Meditation nicht erreicht werden.

H: Als wir über verschiedene *Yoga* Pfade gesprochen haben, sagte Swami, daß hingebende Liebe zu Gott *(bhaktiyoga)* der einzige Weg sei, den zu verfolgen für uns einen Wert habe. Alle anderen *Yoga* Pfade seien nutzlos. Aber westliche *Devotees* wenden ein, daß *Rāmakrishna Paramahamsa* beschrieben hat, wie die *"kundalinī"* Kraft aufsteigt und jedes *Chakra* öffnet. Was ist die richtige Antwort auf diesen Einwand?

Sai: *Rāmakrishna* benutzte die *Chakras* entlang der Wirbelsäule als Symbole zunehmender Verfeinerung des Bewußtseins. Es gibt sehr viele

Mißverständnisse, was die sogenannte *"kundalinī"* Meditation betrifft. *Chakra* bedeutet Rad. Es gibt keine Räder an der Wirbelsäule. Das Rad wird als Symbol genommen, weil das Blut den Körper im Kreislauf durchfließt. Die Bandscheiben der Wirbelsäule sind auch kreisförmig. Indem man sich an verschiedenen Punkten der Wirbelsäule ein "Rad" vorstellt und ihnen bestimmte Namen gibt, kann man sich auf diese festgelegten Stellen konzentrieren und den Geist auf eine nach der anderen richten.

H: Aber Swami, wie ist das mit der Idee, daß die *"kundalinī"* Schlange an der Basis der Wirbelsäule erwacht und jedes *Chakra*, während sie sich aufrichtet, aktiviert?

Sai: Diese Energie ist die kosmische Lebenskraft *(prāna)*. Man stellt sich vor, daß diese durch Atemübungen *(prānāyāma)* an der Wirbelsäule aufsteigt. Solche Übungen sind gefährlich, wenn nicht alle Einzelheiten ganz genau beachtet werden. Sie sind nicht nötig, und Swami rät davon ab. Die Gegend zwischen dem neunten und zwölften Wirbel ist besonders empfindlich. Eine Verletzung dort kann zur Lähmung führen. Die von Swami beschriebene Meditation ist die königliche Straße, der leichte Weg. Warum soll man sich mit etwas anderem befassen? Wenn Meditation wirkungsvoll sein soll, muß sie stetig, ohne Eile und ohne Unruhe geübt werden. Durch stete Übung wird der Mensch ruhig, und das Stadium der Meditation ergibt sich ganz natürlich. Daran zu zweifeln ist Schwachheit. Der Erfolg ist sicher. Wendet euch an Gott, Er wird euch helfen und Selbst euer *Guru* sein. Er wird euch führen und immer an eurer Seite sein. Denkt Gott, seht Gott, hört Gott, eßt Gott, trinkt Gott, liebt Gott. Das ist der leichte Weg, die königliche Straße zu eurem Ziel, die Unwissenheit zu überwinden und eure wahre Natur, die eins mit Gott ist, zu erkennen.

H: Swami, die westlichen *Devotees* sind an allem, was Swami sagt, außerordentlich interessiert, denken darüber nach und sprechen davon. Die Tatsache, daß der Atem während des Tages 21 600 mal *"so'ham"* sagt, hat manche Leute verwirrt. Sie sagen, sie hätten nicht die Erfahrung gemacht, in diesem Rhythmus zu atmen.

Sai: Die 21 600 Atemzüge pro Tag sind ein Durchschnittswert, der alle Lebensjahre einbezieht. In Zeiten der Überanstrengung und erhöhter Leistung atmet man sehr schnell und in Zeiten der Ruhe und des Friedens langsam. Manche Leute mögen einen höheren Durchschnitt als 21 600 pro Tag erreichen. Ein geübter *Yogi* mag im Durchschnitt weniger als fünfzehn mal, nämlich sechs oder sieben mal pro Minute atmen. Je langsamer das Atmen, desto länger die Lebenszeit. Der kurzlebige Affe atmet etwa vierzig mal, die langlebige Schlange nur drei- oder viermal in der Minute.

H: Gibt es für uns, die wir im Westen leben, so etwas wie eine Grundausrichtung, einen Maßstab, den wir an unsere Handlungen anlegen können, und der uns für jede Rolle im Leben die gottgewollte Ordnung *(dharma)* zeigt?

Sai: Es gibt nicht eine göttliche Ordnung *(dharma)* für Inder und eine andere für die Menschen im Westen. *"Dharma"* ist allgemeingültig. Ja, es gibt einen Maßstab, der an jede Handlung angelegt werden kann und durch den ihr bestimmen könnt, ob sie dem *"dharma"* entspricht. Das, was ihr tut, darf niemals anderen schaden oder jemand verletzen. Dieses Gebot fließt aus der Erkenntnis, daß das Licht, das Gott repräsentiert, in jeder Form dasselbe ist. Wenn ihr also einem anderen schadet, dann schadet ihr demselben Licht, das ihr selbst seid. *"Dharma"* befähigt euch, zu der Erkenntnis zu gelangen, daß alles, was schlecht ist für andere Wesen, auch schlecht für euch ist. Der Maßstab für rechtes Handeln ist in der christlichen Religion ganz klar angegeben: Was du nicht willst, das man dir tu, das füg' auch keinem andern zu.

H: Wie sollen *Devotees*, die schon meditiert haben, bevor sie zu einem Sai Baba-Zentrum kamen, ihre gegenwärtige Methode bewerten?

Dolmetscher: Diese Frage ist durch Swamis Beschreibung einer echten Meditation beantwortet. Wenn die Meditation, die das neue Mitglied des Zentrums ausübt, dieser nicht gleichwertig ist, dann mag es erwägen, sich Swamis Führung in dieser Angelegenheit anzuvertrauen.

50.

Sai (zu einer Gruppe von westlichen Besuchern): Hat jemand Zweifel oder Fragen? Nur spirituelle Fragen.

Besucher: Warum gerade ein Kerzenlicht für die Meditation?

Sai: Warum ein Licht? Wenn man Sand von einem Haufen nimmt, wird dieser kleiner. Wenn jeder Wasser aus einem Becken schöpft, ist es am Ende leer. Aber Tausende können ihre Kerzen an der Flamme einer einzigen Kerze entzünden, ohne daß die Flamme ihr Licht verliert. Entzünde eine Lampe oder eine Kerze, schaue direkt in die Flamme, dann nimm dieses Licht *(jyotis)* in dein Herz und sieh es inmitten der

Blütenblätter deines Herzens. Beobachte, wie die Blätter des Herzens sich entfalten und wie das Herz von der Flamme erhellt wird. Da ist kein Raum mehr für schlechte Regungen. Dann lenke die Flamme in die Hände, und diese können nichts Unrechtes mehr tun. Laß sie in gleicher Weise zu den Augen und Ohren wandern, so daß diese fortan nur lichte und reine Eindrücke aufnehmen. Dann laß das Licht zu deinen Freunden, Verwandten und Feinden ausstrahlen, zu den Tieren, Vögeln und allen anderen Dingen, bis alles in dasselbe Licht getaucht ist. Christus sagt: "Alle sind eins, begegne jedem in gleicher Weise." Auf diese Art und Weise bleibst du nicht auf deinen Körper beschränkt, sondern dehnst dich durch das ganze Universum aus. Die Welt, die jetzt so groß ist, wird ganz klein werden. Sich über das Ego gebundene Selbst hinaus auszudehnen und das eigene Licht als das Licht des Universums zu erkennen, ist Erlösung. Erlösung ist nichts anderes als dieses.

Besucher: Immer gerade zu sitzen ist nicht leicht.

Sai: Es ist aber sehr wichtig, aufrecht zu sitzen. Zwischen dem 9. und 12. Brustwirbel liegt die Lebenskraft. Eine Verletzung an dieser Stelle führt zu Lähmungen. Wenn der Körper gerade gehalten wird, kann die Lebenskraft aufsteigen und dem Geist zu hoher Konzentrationsfähigkeit verhelfen. Außerdem bildet der vollkommen aufrechte Körper – ähnlich dem Blitzableiter, der auf dem Dach eines Gebäudes befestigt ist – sozusagen einen Leiter, durch den die göttliche Kraft, die dich befähigt, deine Aufgaben zu erfüllen und dein Ziel zu erreichen, in den Tempel deines Körpers gelangen kann. Ein anderes Bild: Die göttliche Kraft ist immer gegenwärtig, so wie die Radiowellen. Aber um die Musik im Radio hören zu können, braucht man eine Antenne. Außerdem muß das Gerät richtig eingestellt sein, sonst hört man zwar Geräusche aber keine Musik. Ebenso kann die allgegenwärtige göttliche Kraft in euch einfließen, wenn ihr gerade sitzt und richtig meditiert.

Besucher: Was hat es mit der "*brahmamuhūrta*" Meditation auf sich?

Sai: "*Brahmamuhūrta*" ist die Zeit zwischen drei und sechs Uhr morgens. Zu dieser Zeit sind die Sinne noch nicht erwacht und durch die Umwelt angeregt, und der Geist ist noch still vom Schlaf. Die Uhrzeit sollte aber stets die gleiche sein, nicht heute diese und morgen jene. Eine halbe Stunde am Morgen und eine halbe Stunde am Abend zu meditieren, ist genug. Wenn man den ganzen Tag meditiert, verliert man nach einigen Jahren die Freude daran. Die spirituellen Übungen sollten abwechslungsreich sein, damit das Interesse wachgehalten wird:

Singen von religiösen Liedern *(bhajans)*, Rezitation des Namen des Herrn, Kontakt mit spirituellen Menschen usw. Es ist so wie im täglichen Leben: Abwechslung macht den Tag interessant.

H: Swami, wie sollte die Meditation über das Licht *(jyotis)* zum Abschluß gebracht werden?

Sai: Zuerst bist du im Licht, dann ist das Licht in dir, und schließlich bist du das Licht, und das Licht ist überall. Genieße es eine Weile. Dann bringe das Licht zurück in dein Herz und bewahre es dort den ganzen Tag. Die Form Gottes kann auch einbezogen werden. *Krishna, Rāma*, Jesus, Sai – je nach deiner Wahl. Die von dir gewählte Form Gottes kannst du immer mitten in der Flamme sehen, wohin du sie auch tragen magst, und dann ist Gott immer und überall bei dir.

Besucher: Bei einem Treffen wurde gesagt, daß diejenigen, die andere Meditationsmethoden anwenden, sich dem Sathya Sai Baba-Zentrum nicht anschließen sollten.

Sai: Dies oder jenes *Yoga* ist nicht die Antwort. Ja, sie dürfen sich anschließen, auch wenn sie andere Meditationsmethoden anwenden. Laßt alle sich im Streben nach dem einen Ziel zuammenschließen. Gott offenbart sich nur durch Liebe. *“Prānāyāma“* setzt Herz und Lungen einer großen Beanspruchung aus. Gute Gesundheit ist dazu erforderlich. Hingebungsvolle Liebe *(bhaktiyoga)* ist am besten. Eine große Vielfalt stiftet nur Verwirrung. Die Meditation über das Licht ist ungefährlich und führt mit Gewißheit zum Ziel.

Besucher: Wenn aber jemand in eine andere Meditation eingeweiht worden ist, dann – so heißt es in Swamis Buch – ist es eine Sünde zu wechseln.

Sai: Das Ziel ist dasselbe. Es besteht nur ein Unterschied im Weg dorthin, in der Methode, die angewandt wird. Meditation über das Licht ist echte Meditation. Licht ist formlos, ewig, göttlich. Es ist ein ungefährlicher und sicherer Weg. Über allem aber steht die Liebe. Liebe ist die königliche Straße zu Gott. Gott ist Liebe. Zuerst solltet ihr die Form der Meditation und der spirituellen Übungen *(sādhana)*, die ihr anderen vorschlagt, sorgfältig überdenken und untersuchen. Wer ist der *Guru*? Was ist das Ziel? Wenn ihr zuversichtlich seid, den Weg gefunden zu haben, der euch zu eurem spirituellen Ziel führt, dann geht ihn und bleibt dabei. Es handelt sich um ein spirituelles Ziel, nach dem ihr strebt, nicht um ein materielles auf der Ebene der Sinne.

Besucher: Wie kann ich aber das mir fehlende Selbstvertrauen erwerben?

Sai: Du hast genug Selbstvertrauen, Dinge zu tun, die nicht richtig sind. Das Selbstvertrauen ist auch dazu da, das Richtige zu tun. Jeder hat Selbstvertrauen.

H: Das ist sehr gut.

Sai: Ja, und es ist wichtig. Am Selbstvertrauen fehlt es nicht. Wenn das Interesse, das Richtige zu tun, vorhanden ist, dann habt ihr auch schon das Selbstvertrauen, es auszuführen. Es gibt Leute, die nach Amerika gehen und dort Bezahlung für spirituelle Kenntnisse verlangen, die Allgemeingut sind und für die niemand Geld verlangen sollte. Spirituelle Informationen dürfen nicht für Geld angeboten werden, und niemand sollte sie kaufen.

H: Swami, mir ist durch Swamis Beschreibung der Meditation über das Licht noch nicht ganz klar geworden, wie diese zur Erlösung führt.

Sai: Du bist das Licht. Dasselbe Licht leuchtet auch in anderen. Der Körper fällt ab, und du bist das Licht. Das ist Erlösung.

H: Meint Swami damit, daß man sich mit Hilfe des Lichtes durch das ganze Universum ausdehnt und nicht länger durch den Körper begrenzt wird?

Sai: Das "Mein" fällt ab. Es gibt kein "Mein" mehr.

H: Hier ist eine Meditation, die uns der Herr selbst gegeben hat und die direkt zur Erlösung führt. Warum sollte irgend jemand sich die Mühe machen, sich mit einer anderen Meditation abzugeben?

Sai: Empfindungen der Sinne, im Körperlichen verhaftete Erfahrungen.

H: Swami, gestern bekamen die Leute den Eindruck, daß in einem Zentrum alle Arten der Meditation praktiziert werden können.

Sai: Kümmere dich nicht darum! Nach einer Weile werden sie fühlen wie wunderbar die Licht-Meditation ist und dazu übergehen. Übe keinen Druck aus, gib jedem Zeit.

H: Swami sagt, daß es das höchste Gut im Leben des einzelnen sei, der Liebe Gottes würdig zu werden. Wie können wir diese göttliche Liebe unmittelbar erfahren?

Sai: In der Küche ist ein Leckerbissen. Jetzt müßt ihr noch von weither zur Küche kommen, um ihn zu genießen, und nur wenn ihr davon eßt, wird euer Hunger gestillt. Um die ganze Fülle göttlicher Liebe genießen zu können, müßt ihr versuchen, sie unmittelbar zu erfahren. Wie kann man die Fähigkeit dazu erwerben? Unsere alten *Rischis* erlebten die Glückseligkeit, indem sie in die Einsamkeit gingen und unbeweglich und wie tot in ihren

Höhlen saßen. Aber es gibt Leute, die keine Minute still sitzen können. Die ganze Zeit bewegen sie den Kopf oder den Körper. So kann man sich unmöglich konzentrieren. Der Körper wird als Tempel Gottes bezeichnet. Wenn der Körper unruhig ist, wird auch der Geist unruhig bleiben. Darum werden für die Meditation bestimmte Körperhaltungen vorgeschrieben, die eingehalten werden müssen. Laß in der Meditation deinen Geist in die Tiefe sinken, so daß er nicht abgelenkt wird. Je tiefer er nach innen geht, desto weniger wird er durch die Umwelt gestört. In der *Gītā* heißt es, Konzentration sei die Vorstufe der Weisheit. Wenn ihr euch aber bei der Meditation dauernd am Kopf oder am Rücken kratzt, meditiert ihr nicht richtig. Einige Leute setzen sich zwar hin zur Meditation, aber sie sitzen nur da und überlegen, wie lange sie in dieser Haltung noch aushalten müssen. Wenn ihr meditiert, dann konzentriert euch auf die Form eurer Wahl, dann geht über zur Kontemplation und schließlich zur Meditation. Nur über diese drei Stufen werdet ihr das Ziel erreichen. Beginnend mit der Konzentration müßt ihr das Gebiet der Kontemplation durchqueren, um in Meditation überzugehen. Zuerst sind da drei Dinge: der Meditierende, die erwählte Form und der Vorgang des Meditierens. Wenn diese drei verschmelzen und eins werden, dann ist der Zustand der Meditation erreicht. Wenn ihr euch aber ständig bewußt seid, daß ihr meditiert, dann kann das nicht Meditation genannt werden. Wenn die Aufmerksamkeit vollkommen auf die erwählte Form gerichtet ist, dann wird das zur Meditation führen. Die Aufmerksamkeit des Geistes ist ganz vom Körper abgewandt und nur auf die erwählte Form konzentriert.

H: Als Swami vor ein paar Tagen nach *Brindāvan* zurückkehrte, waren die College-Studenten nicht nur hocherfreut, sondern auch sehr überrascht. Mir ging es ebenso, denn Swami hatte gesagt, Er würde ganz bestimmt im *Aschram* bleiben.

Sai: Swami hatte sich entschieden, über *“shivarātri“* in *Prashanti Nilayam* zu bleiben. Das war Sein Wille *(sankalpa)*, der hart wie Eisen ist. Am dritten Festtag schmückten die Studenten in *Brindāvan* die Kühe und veranstalteten eine Prozession. Dabei wurde ihre Sehnsucht nach Swami so stark, daß Swami sich plötzlich entschloß, nach *Brindāvan* zu fahren. Wenn Swamis *“sankalpa“* so hart wie Eisen ist, so könnte man fragen, wie kommt es, daß Er beeinflußt werden konnte? Nun, Hingabe ist wie Feuer. Eisen schmilzt im Feuer. Gott wird durch Hingabe gerührt.

51.

H: Swami, man hört sich widersprechende Erklärungen über den Gebrauch von *“vibhūti“*. Sollte ein *Devotee* Swamis bei Krankheit oder Verletzung *“vibhūti“* als einziges Heilmittel anwenden?

Sai: Kümmert euch nicht um leichte Krankheiten und Verletzungen. In ernsteren Fällen ist es am besten, zu Swami zu beten. Das ist wichtig. *“Vibhūti“* kann genommen werden oder auch nicht, aber es sollte gebetet werden.

H: Was ist über die Hilfen zu sagen, die normalerweise zur Verfügung stehen? Sollte man diese erst in Anspruch nehmen, bevor man sich an Swami wendet?

Sai: Manche setzen ihr Vertrauen in Ärzte, andere in Swami.

H: Aber Swami, das ist ja eben das Problem. Die *Devotees* befürchten, daß es ein Zeichen von mangelndem Glauben an Swami ist, wenn sie etwas anderes nehmen als *“vibhūti“*.

Sai: Beides kann Hand in Hand gehen. Man kann den Arzt aufsuchen und gleichzeitig *“vibhūti“* nehmen. Aber gleichgültig, wie stark oder schwach der Glaube ist – das beste ist, um Swamis Gnade zu bitten.

H: Einige *Devotees* wählen das Extrem. Wie ernst ihre Krankheit oder ihre Beschwerden auch sein mögen, sie erklären, daß sie nur *“vibhūti“* nehmen und niemals zu einem Arzt gehen werden.

Sai: Wenn das ihr Wunsch ist, können sie das tun. Swami zieht es jedoch vor, den üblichen Heilmethoden ihren gebührenden Platz einzuräumen.

H: Swami sagt, daß Selbsterforschung drei Viertel und Meditation ein Viertel des *“sādhana“* ausmachen soll. Was ist die wirksamste Art der Selbsterforschung? Eine Handlung kann wirksam oder auch unwirksam sein.

Sai: Auch wenn der *Devotee* keine spirituelle Erfahrung hat, kann er sich selbst erforschen, ob das, was er vorhat, richtig oder falsch ist.

H: Aber sollen wir unter Selbsterforschung nicht Selbsterkenntnis verstehen – was in uns selbst vorgeht?

Sai: Selbsterkenntnis bezieht sich natürlich auf das eigene Innere und nicht auf das Äußere.

H: Swami hat geraten, daß wir uns fragen sollen, ob wir der Körper, der Geist oder die Intelligenz seien, um herauszufinden, wer wir sind.

Sai: Du bist Zeuge all dessen.

H: Man bemerkt auch noch etwas anderes. Jeder Wunsch kündigt sich als "Ich" an, auch wenn er zu vergangenen und zukünftigen Wünschen in Widerspruch steht.

Sai: Es gibt wirklich nur zwei "Ichs": Eines ist das Ego, das sich immer als "Ich" bezeichnet, und das andere ist der ewige Zeuge, und das ist Swami. Wenn das Bewußtsein auf der Stufe des Zeugen steht, wird das Ego nicht stören. Es hat keinen Einfluß.

H: Bei der Selbsterforschung, Swami, kann man feststellen, daß die Idee des freien Willens ins Wanken gerät. Im Grunde wird man von allen möglichen Einflüssen herumgestoßen und zum Handeln bewegt. Man ist keineswegs frei, sondern ein Gefangener. Ist das nicht so, Swami?

Sai: Es stimmt nicht, daß man nicht frei ist. Das Leben wird nur bis zu einem gewissen Stadium von Einflüssen wie Vererbung, Umwelt, Neigungen usw. bestimmt. Später ist man darüber erhaben und von diesen Einflüssen frei.

H: Aber Swami, wenn man ein Gefangener ist, dann ist das in dem Augenblick eine Tatsache. Wenn man das an sich selbst beobachtet, kann man denn dann ein wirklich tiefes Interesse an Freiheit entwickeln?

Sai: Nur wenige Menschen gehen so tief in der Selbsterforschung. Die meisten befassen sich nicht intensiv damit, es fehlt ihnen die innere Reife. In Gesprächen mit anderen *Devotees* sollte dieser Aspekt spiritueller Bemühungen *(sādhana)* vorgebracht und auf seine Bedeutung, die durch deine Erfahrung bestätigt wird, hingewiesen werden.

H: Man beobachtet viele Gefühle in sich selbst, Swami. Manche sind schädigend – z.B. Zorn, Haß, Eifersucht, Depression, Angst usw. Sie sind sehr stark und überkommen uns trotz bester Vorsätze.

Sai: Das ist ein sehr wichtiger Punkt, ganz besonders in Amerika, wo die Emotionen sehr stark sind und zu gewalttätigen Handlungen führen.

H: Es scheint aber eine Möglichkeit zu geben, Swami, zu verhindern, daß diese starken Gefühle sich in Handlungen umsetzen.

Sai: Das Problem ist, daß die Leute ein wenig Bücherwissen besitzen, aber nicht die Lebenserfahrung, die auf spiritueller Kraft beruht. Durch Disziplin, Gebete und stetiges Üben *(sādhana)* entwickelt sich eine spirituelle Kraft im Menschen, welche die gefährlichen Gefühle abschwächt. Abgesehen davon können und sollten die Menschen zu verhindern suchen, daß diese schädlichen Gefühle zum Durchbruch kommen. Innerlich mögen Zorn, Haß und Verzweiflung wüten, aber äußerlich sollte man friedlich bleiben und ein ruhiges Lächeln zeigen. Man muß mit aller Kraft verhüten, diesen negativen Gefühlen freien Lauf zu lassen. Das ist ein höchst wichtiger Punkt. Selbsterforschung und Beherrschung der Gefühle sind von größter Bedeutung. Wenn ihr in Sai-Zentren mit den *Devotees* sprecht, müßt ihr euch mit diesen beiden Aspekten spiritueller Disziplin *(sādhana)* klar und nachdrücklich befassen. (Bei früheren Gelegenheiten hatte Swami gesagt, daß gefährliche und schädliche Impulse und Emotionen in der Gegenwart Gottes von selbst verschwinden und daß böse Kräfte die Folge von Kummer sind, die nicht existieren können, sobald sich das Glücksgefühl *(ānanda)* einstellt, welches entsteht, wenn man Gott von ganzem Herzen liebt und Ihn überall wahrnimmt.)

H: Eine andere verwunderliche Sache, die beobachtet werden kann, ist die Tatsache, wie manche von ihrem Ziel abkommen. Jemand mag z.B. ganz fest entschlossen sein, sich an die Lotosfüße des Herrn zu halten. Ein Jahr später aber hat er Swami verlassen.

Sai: Der Grund dafür ist eine Schwäche des Geistes im Anfangsstadium. Als der Betreffende das Ziel wahrnahm und sich dafür entschied, war sein Geist unstet. Hätte er sich von Anfang an klar und eindeutig auf das Ziel ausgerichtet, dann wäre er nicht davon abgewichen. Schuld daran ist der unstete Geist, der sich nicht ausschließlich auf das Ziel konzentriert.

H: Swami, bitte beantworte noch eine Frage. Die Hausfrauen stehen in ständigem Kampf mit Ameisen, Moskitos, Küchenschaben usw. Wenn sie diese nicht bekämpfen, nehmen sie in ihrem Heim überhand.

Sai: Das ist in Ordnung. Sie müssen bekämpft werden.

H: Die Leute befürchten, daß sie gegen Swami sündigen, wenn sie diese kleinen Tiere töten.

Sai: Es ist ganz in Ordnung, das Heim von Insekten freizuhalten, aber nur, wo ihr euch aufhaltet, in eurer Umgebung, nicht außerhalb.

H: Swami, wenn eine Ameise einer Ameisenkolonie getötet wird, ist damit eine individuelle Seele *(jīva)* getötet worden? Oder gibt es so etwas wie eine Gruppen-Seele, deren Körper die Ameisenkolonie ist?

Sai: Es gibt keine individuellen Seelen *(jīva)*. *"Jīva"* ist eins, nur eins. *"Jīva"* wird niemals verletzt, niemals getötet. Das Mentale ist dem Wechsel unterworfen und vergänglich. Es gibt viele Körper. Körper mögen getötet werden oder sterben, aber die Seele *(jīva)* bleibt unberührt. Sie ist eins und ewig. (Das Individuelle *(jīva)* geht in das Ewig-Göttliche *(ātman)* ein. Anm.d.Übers.)

Für ein spirituelles Leben gilt die Regel, Vorsicht walten zu lassen. Starte rechtzeitig, fahre vorsichtig, erreiche sicher das Ziel. (Bei einer früheren Gelegenheit sagte Swami: "Seid stetig, seid entschlossen, ladet euch keine Schuld auf und macht keinen falschen Schritt, um ihn dann zu bereuen. Erst überlegt, urteilt und seid diszipliniert; das ist besser, als später einen Fehler bedauern zu müssen.")

52.

H: Darf ich eine spirituelle Frage stellen?

Sai: Nur zu!

H: Ist die physische Existenz als Mensch etwas Besonderes?

Sai: Die menschliche Form ist insofern etwas Besonderes, als sie zu achtzig Prozent eine Manifestation der göttlichen Kraft ist. Im Tier ist dies nur zu fünfzehn Prozent der Fall. Der Mensch kann sich zur Vereinigung mit Gott erheben, wohingegen das Tier sich nie aus seinem natürlichen Zustand befreien kann. Man kann z.B. einer Katze das beste Futter geben, aber wenn sie eine Maus sieht, wird sie, selbst wenn sie beim Fressen ist, das Futter aufgeben und die Maus verfolgen. Man kann einen Tiger abrichten, aber mit Körnerfutter wird er sich nicht zufrieden geben. Sein Trieb, zu töten und das Getötete zu fressen, wird immer vorhanden sein.

H: Swami, was ist so besonders daran? Warum sollte sich irgendjemand wünschen, einen physischen Körper zu haben?

Sai: Hislop ist in Mexiko, in Amerika oder *Puttaparthi*. Ohne Körper würde er nicht wissen, wo er ist. Ein Stein fällt. Die Anziehungskraft der Erde kann man nicht sehen, aber durch das Fallen des Steines wird sie offenkundig. Der Körper des Menschen ist notwendig, weil sich der unsichtbare Gott durch ihn offenbaren kann. Sonne, Mond und Sterne bewegen und drehen sich im Weltall entsprechend einer vorgegebenen Ordnung. Wenn diese Ordnung auch nur für einen Augenblick ins Wanken geriete, würde die Welt in sich zusammenstürzen. Was hält diese Ordnung aufrecht? Es ist die unsichtbare göttliche Kraft.

H: Was ist das Einzigartige und Besondere daran, einen menschlichen Körper zu haben?

Sai: Swami hat bereits erklärt, daß der Körper dazu dient, die ihm innewohnende göttliche Kraft zu offenbaren.

H: Ja, Swamiji. Aber ich meine, welchen Wert hat es vom Standpunkt des einzelnen aus gesehen, über einen Körper zu verfügen? Er lebt und stirbt, warum sollte er ihm einen Wert beimessen? Die Wissenschaft sagt, es gibt viele Planeten, auf denen Leben in ähnlicher Form existiert.

Sai: Es gibt im ganzen Universum keinen Planeten, auf dem menschliches Leben oder Leben in ähnlicher Form vorkommt.

H: In diesem Falle, Swami, muß doch das Leben in einem menschlichen Körper etwas Außergewöhnliches sein?

Sai: Das ganze Universum ist voller Leben. Für Gott ist das Universum eine Einheit. In keiner anderen Region des Universums – nur auf der Erde – kann eine Wiedergeburt stattfinden.

H: Swami, was bedeutet das für den einzelnen?

Sai: Das Leben auf der Erde offenbart sich in einer Entwicklung vom Menschlichen zum Göttlichen. Durch die Geburt als Mensch wird der nächste Schritt, die volle Erkenntnis des Göttlichen, möglich. Das menschliche Leben ist heilig, und ihm muß der höchste Wert beigemessen werden.

H: Will Swami damit sagen, daß die menschliche Geburt in bezug auf den einzelnen eine besondere Gelegenheit darstellt, aus dem Kreislauf von Geburt und Tod befreit zu werden?

Sai: Ganz recht, so ist es.

H: Swamiji! Das ist es also! Das ist das Geheimnis! Das ist das besondere Merkmal der menschlichen Geburt.

Sai: Ja, das ist das besondere Merkmal.

H: Swami, gibt es andere Regionen im Universum, in denen es ein Entkommen aus dem Kreislauf von Geburt und Tod gibt?

Sai: Nein, es ist nur auf der Erde möglich. In keiner anderen Region, auf keinem anderen Planeten in der unendlichen Weite des Universums gibt es diese Gelegenheit. Sie ist einmalig und auf diese Erde beschränkt.

H: Swami! Wunderbar! Wunderbar! Wie heilig diese Erde ist! Wie unendlich wertvoll ist die menschliche Geburt!

Sai: So ist es. Aber die Menschen würdigen und verstehen das nicht. Sie wissen es nicht.

H: Swami, darf dieses große Lebensgeheimnis den *Devotees* mitgeteilt werden? In den Sathya Sai-Zentren sollten alle wissen, daß angesichts dieser Herrlichkeit und Größe der Gelegenheit, die der Mensch hat, das Vergeuden von nur fünf Minuten schon ein tragischer Verlust ist.

Sai: Ja, du kannst es ihnen sagen. Die Frage, die du angeschnitten hast, ist von größter Bedeutung, und die Antwort darf allen mitgeteilt werden.

H: Swami, die Antwort ist göttlich! Sie ist so wunderbar, daß man sie mit Worten gar nicht genug würdigen kann. Swamiji sagt, daß es keine Wiedergeburt von der Erde in andere Regionen des Universums gibt. Wie ist es mit dem Gegenteil? Kann es Bewegungen von anderen Regionen des Universums zur Erde geben?

Sai: Alles Leben mag die Geburt als Mensch anstreben, denn allein durch die Geburt als Mensch kann Gott erkannt werden. Zeit zu vergeuden, ist die größte Torheit. Der Mensch existiert hier und jetzt. Hier und jetzt ist die Gelegenheit gegeben, das höchste Ziel zu erreichen. Wer kennt denn die Bedingungen und Verhältnisse seines nächsten Lebens? Auch nicht ein Augenblick dieses Lebens sollte vergeudet werden.

Besucher: Swami, ich habe eine Frage. Was ist die beste spirituelle Übung *(sādhana)* für einen jungen Menschen mit Beruf, Familie, Neigungen und Bindungen? (Nachdem Swami vorher scherzhaft auf die acht Monate alte Tochter des Besuchers als seine Bindung und Verhaftung ans Leben Bezug genommen hatte.)

Sai: Es ist nicht richtig, diese Dinge nur als Bindung ans Leben zu betrachten. Die dadurch erforderliche Anpassung muß auch als spirituelle Übung *(sādhana)* angesehen werden. Diese Dinge sind gut, um dein Leben im Gleichgewicht zu halten und ihm eine Richtung zu geben, und die Änderungen, die dadurch in deinem täglichen Leben notwendig werden, sind *"sādhana"*, nicht Bindung.

Das Ziel jeder spirituellen Anstrengung ist es zu lernen, in allem das Gute, das Göttliche zu sehen und dahin zu kommen, das Schlechte, das Böse übersehen zu können. Vom Standpunkt des Göttlichen aus gesehen gibt es weder gut noch schlecht – alles ist göttlich. Aber in der Vorstellung der Menschen ist dieses gut und jenes schlecht, dieses richtig und jenes falsch. Der Geist muß dazu erzogen werden, in jedem Menschen und auch in jeder Schwierigkeit das Göttliche zu sehen.

Ein kleines Beispiel: Ein toter Hund lag am Straßenrand, die Krähen hackten an ihm herum, die Leute gingen vorbei und sagten: "Was für ein scheußlicher Anblick und welch fürchterlicher Gestank." Aber Jesus ging vorbei und sagte: "Was für wunderbare Zähne der Hund hat, so weiß und glänzend. Niemand hat sie geputzt oder sich darum gekümmert, und trotzdem sind sie so schön geblieben." Jesus zeigte damit, daß man selbst in der schlimmsten Situation das Beste sehen kann. Menschen mit dem Blick der Heiligen schenken ihre Aufmerksamkeit immer dem Guten und bleiben vom Schlechten unberührt. Ein anderes Beispiel: Ein Messer wird sowohl von einem Chirurgen als auch von einem Verbrecher benutzt.

Der Schnitt des Chirurgen bringt dem Menschen Heilung, während der Verbrecher das Messer zu einem bösen Zweck mißbraucht. Der Metzger benutzt das Messer, um Fleisch zu schneiden, während eine Frau damit einen Fruchtsalat bereiten mag. Wenn alle diese Messer in die Nähe eines Magneten kommen, werden sie alle in gleicher Weise von dem Magneten angezogen. Gut oder böse ist keine Eigenschaft der Messer. Gott ist der Magnet, und alle Menschen werden von Ihm angezogen. Gut und Böse liegen nicht im menschlichen Wesen begründet, sondern in der Art und Weise, wie er seine geistigen Fähigkeiten benutzt.

Laßt euer Denken nicht durch all das schlechte Geschehen, das ihr in der Welt wahrnehmen mögt, beeinflussen. Der Zweck jeder spirituellen Übung ist es, sich dazu zu erziehen, das Göttliche in allem zu sehen. Das führt zur richtigen Einstellung. Ihr könnt euch bei allem, was ihr tut, darin üben.

Glossar

advaita	Non-Dualismus; die Einheit aller Dinge; philosophische Schule, welche die Einheit allen Seins lehrt.
ānanda	Glückseligkeit; echte, immerwährende Freude, die das Herz erfüllt, wenn alle Bindungen und Wünsche aufgegeben werden.
ānandamaya	die fünfte, innerste der fünf Schichten oder Hüllen der menschlichen Existenz (*kosha*); höchstes inneres Glück; Glückseligkeit;
annamaya	die erste, äußerste der fünf Schichten oder Hüllen der menschlichen Existenz (*kosha*); der materielle Körper, der durch Nahrung erhalten wird.
Arjuna	einer der fünf *Pāndava* Prinzen, die im *Mahābhārata* Krieg den *Kauravas* gegenüberstanden.
artha	Mittel zum Lebensunterhalt; eines der vier Ziele,(*purushārtha*), auf die das menschliche Leben ausgerichtet werden kann.
Aschram	ein Ort, an dem ein spiritueller Lehrer wohnt und lehrt.
Atharvaveda	das vierte der vier Bücher der *Veden*; Gesänge für den vedischen Gottesdienst.
ātman	das wirkliche Selbst; der Funke Gottes im Menschen; die göttliche Seele.
Avatar	Inkarnation des Formlos-Absoluten; Gott, der Gestalt annimmt, um *dharma* wiederherzustellen, wenn dieses unter den Menschen vernachlässigt wird.
Ayodhyā	die Hauptstadt von *Rāmas* Königreich; eine der sieben heiligen Städte.
Bhagavad Gītā	"Das Lied Gottes"; philosophisches Lehrgedicht über die Geschehnisse des 13. Kapitels des *Mahābhārata*.
bhajan	Lieder, in denen die vielen Namen Gottes verherrlicht werden. Sie werden oft von Musik- und Schlaginstrumenten begleitet. Ein Vorsinger singt jeweils eine Zeile, die dann von der Gruppe wiederholt wird.
bhakta	gläubiger Mensch; einer, der auf dem Weg hingebungsvoller Liebe (*bhaktimārga*) nach Gotterkenntnis strebt.
bhakti	hingebungsvolle Liebe zu Gott in einer Form; völlige, unwandelbare Bindung an Gott; höchste Form der Verehrung Gottes.
bhaktimārga	Das Streben nach Erlösung auf dem Weg hingebungsvoller Liebe (*bhakti*).

bhaktiyoga	der Weg der Liebe zu Gott; eine der vier *Yoga* Disziplinen, die Sai Baba besonders hervorhebt.
brahmamuhūrta	die für die Meditation günstigen frühen Morgenstunden zwischen 3 und 6 Uhr.
brahman	das ewig-unvergängliche Absolute; die höchste, nichtduale Wirklichkeit; das universale Bewußtsein, das dem Denken nicht zugänglich ist.
Brindāvan	die Gegend, in der *Krishna* die Kühe weidete; das Gelände bei Whitefield, auf dem sich der zweite Wohnsitz und ein College Sai Babas befindet.
Caitanya	ein großer Heiliger, der ganz in der Liebe zu *Krishna* aufging (1485-1534).
chakra	Diskus; Zeit; Rad; Name eines Kraftzentrums des ätherischen Körpers.
cit	absolutes Bewußtsein, die vier Bewußtseinsstufen: Wachen, Träumen, Tiefschlaf und *samādhi* umfassend; *cit* ist der Funke Gottes im Menschen.
Dasharatha	König von *Ayodhyā*, dessen Hauptgemahlin *Kausalya* ihm den Prinzen *Rāma* gebar.
devatā	göttliches Wesen; Lichtwesen; bestimmte Götter der Hindu-Mythologie werden als *devatās* bezeichnet.
Devotee	engl. Bezeichnung eines gläubigen Menschen, der sich einem spirituellen Führer (*guru*) anvertraut hat.
dharma	Rechtschaffenheit; die göttliche Ordnung; ethisch-religiöse Verpflichtung; eines der vier Ziele (*purushārtha*), auf die das menschliche Leben ausgerichtet werden kann.
Dhritarāshtra	König und Vater der 100 *Kauravas* und Onkel der 5 *Pāndavas*.
dhyāna	Meditation; Versenkung; das Einswerden von dem Objekt der Meditation (Gott), dem Meditierenden und dem Vorgang der Meditation.
dhyānayoga	der Weg, der durch Meditation zum Einswerden mit Gott führt; eine der vier *Yoga* Disziplinen, die Sai Baba besonders hervorhebt.
dvāparayuga	das "kupferner Zeitalter"; das dritte im Zyklus der vier Weltzeitalter.
Gītā	Lied; kurz für *Bhagavad Gītā*.
gopī	Hirtin; die Kuhhirtinnen von *Brindāvan*, mit denen *Krishna* in Seiner Jugend spielte und die Ihn verehrten; Vorbilder und Symbol für intensive Gottesliebe.
guna	Grundeigenschaft; die drei Grundeigenschaften der objektiven Erscheinungswelt: *tamas, rajas* und *sattva*.
Guru	Lehrer; spiritueller Meister, der von Unwissenheit

	befreit, Illusion zerstört und seinen Schülern den Weg zur Erlösung zeigt.
Hanuman	Feldherr des Affenkönigs *Sugrīva*, der *Rāma* liebevoll verehrte; Anführer der Truppen, die *Rāma* im Kampf gegen *Rāvana* unterstützten.
hathayoga	Körper- und Atemübungen; verschiedene Körperstellungen und Reinigungsübungen; sein Hauptziel ist körperliche Gesundheit.
Hiranyakashipu	Dämonenkönig, von dem im *Mahābhārata* berichtet wird; Vater von *Prahlāda.*
Indra	Oberhaupt der Hindu Gottheiten (*devatā*); nimmt oft die Stelle *Vāyus* ein, der neben *Agni* und *Sūrya* eine der Hauptgottheiten der Hindu-Religion ist.
Īshvara	Gott; der Schöpfer; Er, der selbst still und unbeteiligter Zeuge ist; Beiname für *Shiva.*
Janaka	König von Videha; Vater von *Sītā*; bekannt für sein großes Wissen, seine guten Taten und sein vorbildliches Leben.
japa	wörtl.: flüstern; Rezitation einer der Namen Gottes oder eines *mantra*; Hilfsmittel zur Beruhigung und Läuterung des Denkens.
Jayadeva	Dichter des 12. oder 13. Jahrhunderts, der das lyrische Werk *"Gītā Govinda"* über die jungen Jahre *Krishnas* geschrieben hat.
jīva	die individuelle Seele; Wesenheit; Mensch; das Bewußtsein der göttlichen Seele als "Ich". Sai Baba sagt auch, daß es keine individuelle Seele gibt, sondern daß das Innerste aller Wesen eins ist.
jīvanmukta	gottverwirklichter Mensch; einer, der zu Lebzeiten *māyā* überwunden und erfahren hat, daß er eins mit *brahman* ist.
jīvanmukti	Erlösung zu Lebzeiten; Überwindung der Unwissenheit in diesem Leben.
jnāna	höheres Wissen; Weisheit; spirituelle Einsicht.
jnānayoga	der Weg, der zur Weisheit führt; eine der vier *Yoga* Disziplinen, die Sai Baba besonders hervorhebt.
jnānī	der Weise; der erlöste Mensch; einer, der unberührt von den Versuchungen der Sinne ist und Gott in allen Lebewesen und Dingen sieht.
jyotis	Licht; das Licht als Symbol des Göttlichen.
kaliyuga	das jetzige "Zeitalter des Eisens"; das letzte im Zyklus der vier vedischen Weltzeitalter.
kalpavriksha	der Baum, der alle Wünsche erfüllt.
kāma	Begierde; Lust; Verlangen nach Dingen der materiel-

	len Welt; eines der vier Ziele (*purushārtha*), auf die das menschliche Leben ausgerichtet werden kann.
karma	Tat; Arbeit; Gesetz von Ursache und Wirkung; Pflichterfüllung; die Folgen des Handelns.
karmayoga	der Weg des Handelns; in der Welt leben und arbeiten, ohne einen Lohn zu erwarten; eine der vier *Yoga* Disziplinen, die Sai Baba besonders hervorhebt.
Kauravas	die 100 Söhne von *Dhritarāshtra*, die in dem *Mahābhārata*-Krieg den *Pāndavas* unterlagen; symbolisch für die schlechten Eigenschaften des Menschen.
Kausalyā	Hauptgemahlin König *Dasharathas*; die Mutter *Rāmas*.
kosha	Hülle; Umhüllung; es gibt fünf Hüllen, die das Göttliche im Menschen umschließen: *annamaya, prānamaya, manomaya, vijnānamaya, ānandamaya.*
Krishna	*Avatar* zur Zeit des *Mahābhārata*-Krieges.
kritayuga	das "goldene Zeitalter"; das erste im Zyklus der vier Weltzeitalter; auch *satyayuga.*
kriyāyoga	kriyā wörtl.: Tat, Ausführung, Mühe; jede Übung, die dazu angetan ist, höheres Wissen zu erwerben.
kundalinī	s. *kundalinīshakti.*
kundalinīshakti	wörtl.: Schlangenkraft; die im Menschen am unteren Ende der Wirbelsäule ruhende kosmische Energie.
Lakshmana	*Rāmas* Bruder, der diesen ins Exil begleitete.
līlā	wörtl.: Spiel; das göttliche Spiel der Erscheinungswelt; göttliches Wirken, das Schöpfung, Erhaltung und Auflösung einschließt.
loka	wörtl.: Welt; das Wort wird im Zusammenhang mit der Unterteilung des Universums in verschiedene Welten gebraucht, z.B. Himmel, Erde, Hölle oder Unterwelt; von Sai Baba werden *lokas* als Bewußtseinsebenen bezeichnet.
Mahābhārata	das umfangreichste Epos der Hindu-Mythologie, in dem der Kampf zwischen den *Pāndavas* und *Kauravas* beschrieben wird. Als Verfasser gilt der mythische Weise *Vyāsa.*
mahāshivarātri	wörtl: große *Shiva*-Nacht, jährliches Fest, das im Februar/März bei Neumond mit Fasten, Gebet und Meditation begangen wird.
manomaya	die dritte der fünf Schichten oder Hüllen der menschlichen Existenz (*kosha*); der feinstoffliche Körper mit seinen Wünschen, Begierden und Entscheidungen positiver sowie negativer Art.
mantra	spirituelle Formel, die dem Aspiranten von seinem *Guru* gegeben wird. Das Wiederholen des *mantra* und

	Meditieren darüber fördert die spirituelle Entwicklung.
māyā	das verhüllende Prinzip, das die Manifestationen des Einen als materielle Wirklichkeit erscheinen und dadurch die Schöpfung entstehen läßt; der erste Wunsch nach "Vielheit"; die primäre Illusion; der Schatten Gottes.
moksha	Befreiung des Geistes; Erlösung; Unterbrechung des Kreislaufs von Geburt und Tod; Erlangung ewiger Glückseligkeit; Einswerden mit Gott; eines der vier Ziele (*purushārtha*), auf die das menschliche Leben ausgerichtet werden kann.
nāmasmarana	Rezitieren einer der Namen Gottes; ständiges Wiederholen Seines Namens und dadurch Ausrichten des Denkens auf Seine Wirklichkeit.
Nārāyana	das Göttliche, das sich im Menschen manifestiert; Beiname für *Vishnu*, der sich immer wieder als *Avatar* inkarniert.
nirvāna	wörtl.: Verlöschen; Aufgehen des individuellen "Ich" im Absoluten (*brahman*); im Buddhismus: die "Leere"; das Ende des Leidens.
nirvikalpasamādhi	Zustand der Erleuchtung; Befreiung von Leiden, Tod, und Wiedergeburt; höchstes, transzendentes Bewußtsein.
OM, omkāra	die erste Schwingung kosmischer Urenergie; Symbol für Gott und *brahman*; heiligster und wirkungsvollster *mantra*; *pranava*.
Pāndavas	die 5 Söhne des Pāndu, die im *Mahābhārata*-Krieg gegen die *Kauravas* kämpften und diese besiegten; symbolisch für die guten Eigenschaften des Menschen.
paramātman	das höchste Selbst; die universale Seele; die einzige Realität; Gott; das Absolute, von dem alles ausging, in dem alles ist und in das alles eingehen wird.
Patanjali	Gründer des klassischen indischen *Yoga*; Verfasser des *"Yogasūtra"*; kurz vor oder nach Christi Geburt.
Prahlāda	der erleuchtete Sohn des Dämonen-Königs *Hiranyakashipu*.
prāna	wörtl.: Atem; das Leben; die kosmische Lebenskraft.
prānamaya	die zweite der fünf Schichten oder Hüllen der menschlichen Existenz (*kosha*): die Sphäre der Lebensfunktionen; Atmung; vegetatives Nervensystem.
pranava	Name der heiligen Silbe *OM*.
prānāyāma	Beherrschung des Atems; Atemübungen, die mit einem *mantra* verbunden werden können.

Prashanti Nilayam	"Wohnsitz des höchsten Friedens"; der Name des *Aschrams* von Shri Sathya Sai Baba.
pratyāhāra	Zurückziehung ins innere Bewußtsein; Vorbedingung zur Konzentration.
purushārtha	die vier Ziele, auf die das menschliche Leben ausgerichtet werden kann und die, wenn sie richtig gewählt werden, zur Entfaltung des Bewußtseins führen können. Sie sind: *dharma, artha, kāma, moksha.*
Puttaparthi	Name des kleinen Dorfes in Südindien, in dem Shri Sathya Sai Baba am 23. November 1926 geboren wurde.
rajas, rajasika	aktiv; leidenschaftlich; auf das Ergebnis des Handelns bedacht sein.
rājayoga	wörtl: königlicher *Yoga*; einer der vier wichtigsten *Yoga*-Wege, die zur Vereinigung mit Gott führen. Er besteht aus acht Stufen, die von *Patanjali* aufgezeichnet wurden.
rājayogī	einer, der den Weg des *rājayoga* vollendet hat.
rajoguna	Aktivität; von Gefühlen beherrscht sein; eine der drei Grundeigenschaften (*guna*).
Rāma	*Avatar*, dessen Leben im *Rāmāyana*-Epos beschrieben wird.
Rāmakrishna Paramahamsa	ein Heiliger Bengalens (1836-1886), der heute von vielen Hindus als göttliche Inkarnation verehrt wird.
Ramana Maharshi	einer der größten indischen Heiligen der Neuzeit (1879-1950). Seine Methode der Unterweisung bestand darin, den Fragenden auf sein wahres Selbst zu verweisen. Er empfahl, immer wieder die Frage zu stellen: "Wer bin ich?"
Rāmāyana	Epos der Hindu-Mythologie über das Leben *Rāmas.*
Rāvana	Dämonenkönig in Lanka, der *Sītā*, die Gemahlin *Rāmas*, entführte und dann von *Rāma* mit Hilfe *Hanumans* besiegt wurde.
Rigveda	das erste der vier Bücher der *Veden*; Hymnen an die Götter.
Rischi	Bezeichnung eines Weisen, der Gott in sich erkannt hat.
Rukminī	*Krishnas* Hauptgemahlin. Er heiratete sie in *Dvārakā* und sie gebar Ihm zehn Söhne und eine Tochter.
sādhana	Übungen zur spirituellen Vervollkommnung, z.B. Meditation, Namensrezitation, selbstloses Dienen.
Sai Rām	Anrufung Sai Babas; benutzt als *mantra* bei Meditation und *nāmasmarana*; Grußwort unter Sai *Devotees.*
samādhi	vollkommene Ausgeglichenheit; Stille in Gott; Erlangung der Einheit; neben Wachen, Träumen und

	Tiefschlaf eine der vier Bewußtseinsstufen, die als *cit* verstanden werden.
Sāmaveda	das zweite der vier Bücher der *Veden*; Priestergesänge zur Ehre der Götter.
samnyāsin	ein Bettelmönch, der alle weltlichen Bindungen aufgibt und die ockerfarbene Robe trägt.
samsāra	Fluß; Kreislauf des Lebens; beständiger Wechsel; der endlose Zyklus von Geburt und Tod.
sankalpa	Absicht; Plan; Beschluß; der göttliche Wille; Gottes Gnade; der von den, aus dem Unterbewußtsein kommenden, Impulsen und Neigungen befreite Wille.
sattva, sattvika	rein; harmonisch; ausgeglichen; tugendhafte Eigenschaften.
sattvaguna	Gelassenheit; Wunschlosigkeit; Reinheit; eine der drei Grundeigenschaften (*guna*).
satyayuga	das "goldene Zeitalter"; das erste im Zyklus der vier Weltzeitalter; auch *kritayuga*.
shakti	wörtl.: Kraft; Macht; Energie; in der indischen Mythologie: die Gemahlin *Shivas*; Personifizierung der Urenergie, der Kraft Gottes.
Shankara	großer indischer Reformer und Lehrer der *Vedānta* Philosophie, der im 8. oder 9. Jahrhundert lebte.
sharanāgati	Selbsthingabe an Gott; alles Gottes Willen überlassen; das Bewußtsein des Einsseins mit Ihm.
Shāstra	wörtl: Belehrung; die *Veden* und alle anderen heiligen Schriften, Kommentare usw.
Shirdi Sai Baba	erste Inkarnation des Sai *Avatars* (1838-1918).
Shiva	einer der drei Aspekte Gottes; Gott als Zerstörer, der auflöst, um Neues zu erschaffen; Gott der Hindu-Trinität.
shivarātri	wörtl.: *Shivas* Nacht; spirituelle Nachtwache bei Neumond zu Ehren *Shivas*; *mahāshivarātri* wird als Festtag mit Fasten, Gebet und Meditation bei Neumond im Februar/März begangen.
Sītā	wörtl.: Ackerfurche; Tochter der Erde; die Gemahlin *Rāmas*.
so'ham	"Er – Ich", d.h. Gott und ich sind eins; der Laut, der durch das Ein- und Ausatmen verursacht wird.
Sugrīva	König eines Affengeschlechts, der *Rāma* half, *Sītā* von *Rāvana* zurückzugewinnen; sein Feldherr war *Hanuman*.
tamas, tamasika	dunkel; unwissend; faul; träge; nicht fähig, zwischen Recht und Unrecht zu unterscheiden.
tamoguna	Stumpfheit; Rohheit; Unwissenheit; eine der drei Grundeigenschaften (*guna*).

tat tvam asi	"Das bist Du"; "Das" ist hier das Absolute, Gott. "Du bist Gott." Dieser Satz deutet auf die Identität der individuellen mit der universalen Seele hin.
tretāyuga	das "silberne Zeitalter"; das zweite im Zyklus der vier Weltzeitalter.
Upanishaden	esoterische Abhandlungen der *Veden*; die *Upanishaden* sind Teil des *Vedānta*.
Vālmīki	Verfasser des *Rāmāyana*-Epos; der erste namentlich genannte Dichter der indischen Literatur.
Veda	wörtl.: das Wissen; das heilige Wissen, das in den *Veden* zusammengefaßt ist.
Vedānta	Endteil der *Veden*; die *Upanishaden*.
Veden	heilige Schriften, die den *Veda* enthalten und die Grundlage der Hindu-Religion bilden. Sie bestehen aus dem *Rig-, Sāma-, Yajur-* und *Atharvaveda*.
vibhūti	heilige Asche, die von Sai Baba materialisiert wird; Symbol der Vergänglichkeit und der Reinheit dessen, das durch das Feuer gegangen ist.
vijnānamaya	die vierte der fünf Schichten oder Hüllen der menschlichen Existenz (*kosha*); höhere Intelligenz; Intuition.
Vishvāmitra	berühmter Heiliger und Weiser; einer der sieben großen *Rischis*.
Vivekānanda	1863-1902; bedeutendster Schüler *Rāmakrishnas*; er gründete den *Rāmakrishna*-Orden, dessen Leiter er bis kurz vor seinem Tode blieb.
Vyāsa	Schreiber; Lehrer; einer, der Texte zusammenstellt; Name für die Verfasser der *Veden*.
Yajurveda	das dritte der vier Bücher der *Veden*; *mantras*; Opfersprüche.
yaksha	eine Gruppe übernatürlicher Wesen; teilweise wild und dämonisch; sie störten durch Lärm die Einsiedler im Walde bei ihrer Meditation.
Yoga	Selbstkontrolle; spirituelle Disziplin mit dem Ziel des Einswerdens mit Gott; vier Disziplinen werden von Sai Baba besonders hervorgehoben: *bhaktiyoga, karmayoga, dhyānayoga, jnānayoga*.
Yogasūtra	Werk des *Patanjali*, des Gründers des klassischen indischen *Yoga*.
Yogi	ein auf Gott konzentrierter Mensch; einer, der *Yoga* praktiziert.
yuga	Weltzeitalter; die *Veden* lehren einen Zyklus von vier *yugas*: *satya- oder krita-, tretā-, dvāpara-* und *kaliyuga* (Gold, Silber, Kupfer und Eisen).